Auer Wirtschaft und Beruf 5

mit Medien

Ausgabe für die Mittelschule Bayern

von
Lisa Biller
Alexandra Jemeljanova
Katrin Kindler
Petra Meißner
Christiane Vatter-Wittl

Ernst Klett Verlag
Stuttgart · Leipzig · Dortmund

So arbeitest du mit Auer Wirtschaft und Beruf

Die Einstiegsseiten
führen in ein neues Thema ein und zeigen, was dich in dem Kapitel erwartet.

Auf den Themenseiten
erfährst du alles Wichtige zu einem Thema und lernst starke Jobs kennen.

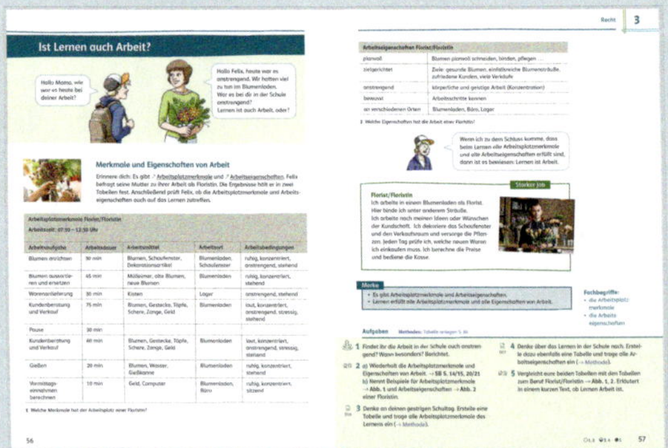

Die Trainingsseiten
enthalten einen Überblick über die Fachbegriffe und Merksätze sowie Aufgaben zum Wiederholen und Üben.

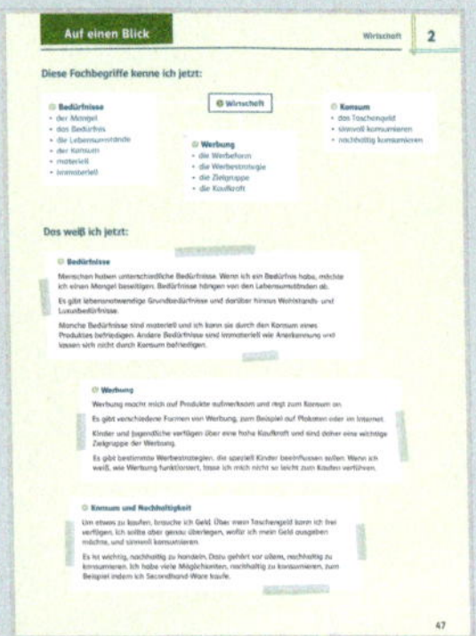

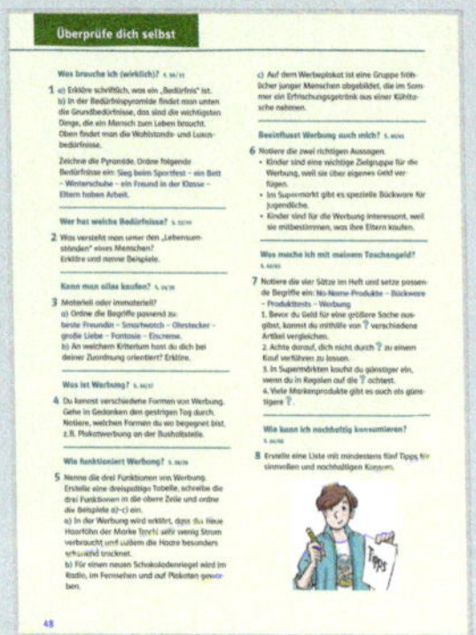

Auf den Projektseiten
lernst du Schritt für Schritt, ein Projekt zu planen, durchzuführen, Ergebnisse zu präsentieren und das Projekt zu reflektieren.

Die Methodenseiten
erklären dir Schritt für Schritt, wie du eine Methode anwendest.

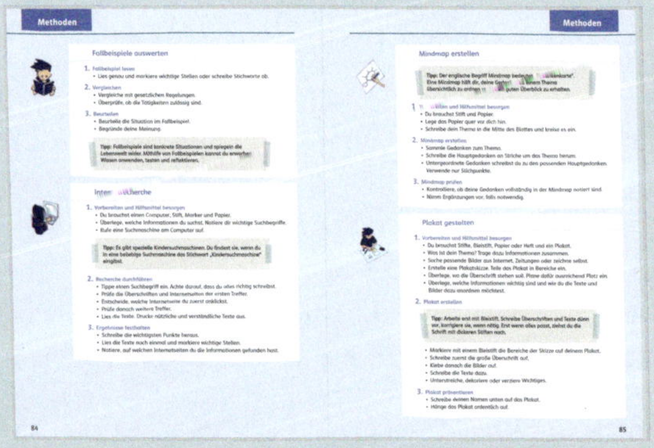

Im Lexikon
kannst du wichtige Begriffe nachschlagen.

Einstieg in das Thema **Samira und Felix** von der Mittelschule Neustadt begleiten dich durch das Buch.

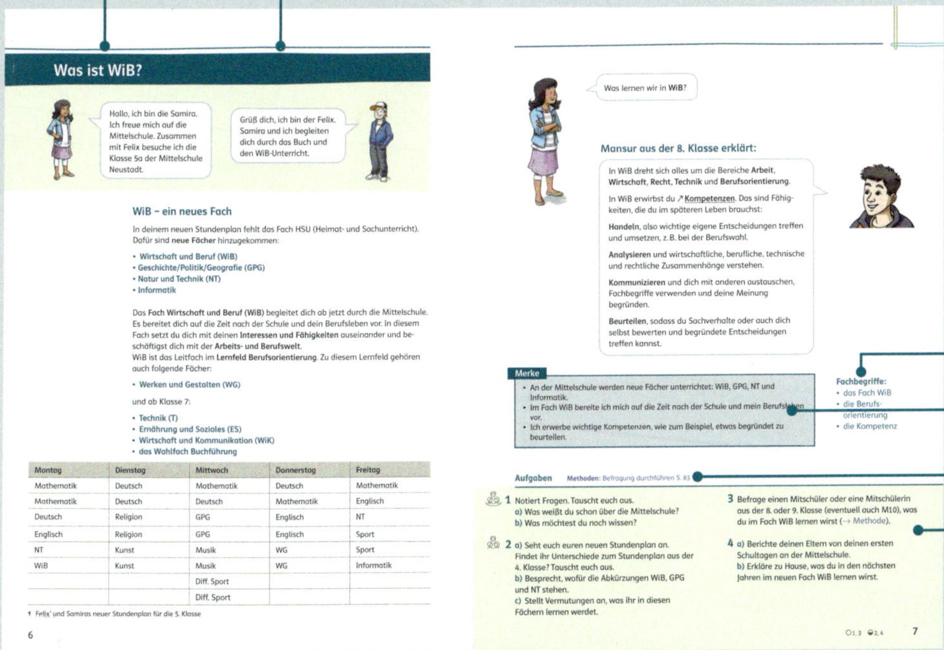

Was ist WiB?

Hallo, ich bin die Samira. Ich freue mich auf die Mittelschule. Zusammen mit Felix besuche ich die Klasse 5a der Mittelschule Neustadt.

Grüß dich, ich bin der Felix. Samira und ich begleiten dich durch das Buch und den WiB-Unterricht.

WiB – ein neues Fach

In deinem neuen Stundenplan fehlt das Fach HSU (Heimat- und Sachunterricht). Dafür sind **neue Fächer** hinzugekommen:

- Wirtschaft und Beruf (WiB)
- Geschichte/Politik/Geografie (GPG)
- Natur und Technik (NT)
- Informatik

Das **Fach Wirtschaft und Beruf (WiB)** begleitet dich ab jetzt durch die Mittelschule. Es bereitet dich auf die Zeit nach der Schule und dein Berufsleben vor. In diesem Fach setzt du dich mit deinen **Interessen und Fähigkeiten** auseinander und beschäftigst dich mit der **Arbeits- und Berufswelt**.
WiB ist das Leitfach im **Lernfeld Berufsorientierung**. Zu diesem Lernfeld gehören auch folgende Fächer:

- Werken und Gestalten (WG)

und ab Klasse 7:

- Technik (T)
- Ernährung und Soziales (ES)
- Wirtschaft und Kommunikation (WiK)
- das Wahlfach Buchführung

Montag	Dienstag	Mittwoch	Donnerstag	Freitag
Mathematik	Deutsch	Mathematik	Deutsch	Mathematik
Mathematik	Deutsch	Deutsch	Mathematik	Englisch
Deutsch	Religion	GPG	Englisch	NT
Englisch	Religion	GPG	Englisch	Sport
NT	Kunst	Musik	WG	Sport
WiB	Kunst	Musik	WG	Informatik
		Diff. Sport		
		Diff. Sport		

1 Felix' und Samiras neuer Stundenplan für die 5. Klasse

6

Was lernen wir in **WiB**?

Mansur aus der 8. Klasse erklärt:

In WiB dreht sich alles um die Bereiche **Arbeit**, **Wirtschaft**, **Recht**, **Technik** und **Berufsorientierung**.

In WiB erwirbst du ↗ Kompetenzen. Das sind Fähigkeiten, die du im späteren Leben brauchst:

Handeln, also wichtige eigene Entscheidungen treffen und umsetzen, z. B. bei der Berufswahl.

Analysieren und wirtschaftliche, berufliche, technische und rechtliche Zusammenhänge verstehen.

Kommunizieren und dich mit anderen austauschen, Fachbegriffe verwenden und deine Meinung begründen.

Beurteilen, sodass du Sachverhalte oder auch dich selbst bewerten und begründete Entscheidungen treffen kannst.

Merke
- An der Mittelschule werden neue Fächer unterrichtet: WiB, GPG, NT und Informatik.
- Im Fach WiB bereite ich mich auf die Zeit nach der Schule und mein Berufsleben vor.
- Ich erwerbe wichtige Kompetenzen, wie zum Beispiel, etwas begründet zu beurteilen.

Fachbegriffe:
- das Fach WiB
- die Berufsorientierung
- die Kompetenz

Aufgaben **Methoden:** Befragung durchführen S. 83

1 Notiert Fragen. Tauscht euch aus.
a) Was weißt du schon über die Mittelschule?
b) Was möchtest du noch wissen?

2 a) Seht euch euren neuen Stundenplan an. Findet ihr Unterschiede zum Stundenplan aus der 4. Klasse? Tauscht euch aus.
b) Besprecht, wofür die Abkürzungen WiB, GPG und NT stehen.
c) Stellt Vermutungen an, was ihr in diesen Fächern lernen werdet.

3 Befrage einen Mitschüler oder eine Mitschülerin aus der 8. oder 9. Klasse (eventuell auch M10), was du im Fach WiB lernen wirst (→ Methode).

4 a) Berichte deinen Eltern von deinen ersten Schultagen an der Mittelschule.
b) Erkläre zu Hause, was du in den nächsten Jahren im neuen Fach WiB lernen wirst.

○ 1, 3 ◒ 2, 4

7

Alle Fachbegriffe und Merksätze findest du am Ende des Kapitels „Auf einen Blick“.

Fachbegriffe

Merksätze

Verweise auf Methoden

Aufgaben

Hinweise zum Lösen der Aufgaben gibt es auf S. 87–89.

Symbole und Medien

- Partneraufgaben
- Gruppenaufgaben
- Klassenaufgaben
- ○ leicht
- ◒ mittel
- ● schwer

NE Nachhaltige Entwicklung:
Aufgaben mit diesem Symbol greifen Themen rund um Mensch, Natur, Klima und Umweltschutz auf.

MK Medienkompetenz:
Bei Aufgaben mit diesem Symbol verwendest du Medien und baust dabei Fähigkeiten aus, z. B. beim Recherchieren im Internet.

↗ Lexikonbegriff:
Begriffe mit diesem Pfeil werden im Lexikon erklärt (S. 90–92).

D1 Dokument:
Hier gibt es eine hilfreiche digitale Vorlage.

Die Medien (Dokumente) zum Schulbuch sind online und offline verfügbar.

1. QR-Code scannen oder Link in einen Browser eingeben
2. Mit den persönlichen Klett-Zugangsdaten anmelden
3. Digitale Medien online nutzen oder in die **Klett Lernen App** herunterladen

Link
qr.klett.de/LC-vhB-1ch

Kasten

Diese Kästen stellen dir Berufe vor.

Starker Job

Mediengestalter/in Digital und Print
Ich arbeite in einer großen Werbeagentur. Wir haben verschiedene Kundinnen und Kunden, die Werbung für ihr Unternehmen machen möchten.

WiB – ein neues Unterrichtsfach an der Mittelschule

Was ist WiB? 6
Wie funktioniert ein Projekt? 9

Projekt: Upcycling – tierisch gute Dosen 10

1 Arbeit

Arbeit 11

Wie läuft mein Tag ab? 12
Was ist Arbeit? 14
Wie kann ich gut arbeiten? 16
Wer arbeitet in der Schule? 18
Welche Merkmale hat ein Arbeitsplatz? 20
Wie erkunden wir Arbeitsplätze? 22

Projekt: Wir organisieren eine Ausstellung 26

Auf einen Blick 27

Überprüfe dich selbst 28

2 Wirtschaft

Wirtschaft 29

Was brauche ich (wirklich)? 30
Wer hat welche Bedürfnisse? 32
Kann man alles kaufen? 34
Was ist Werbung? 36
Wie funktioniert Werbung? 38
Beeinflusst die Werbung auch mich? 40
Was mache ich mit meinem Taschengeld? 42
Wie kann ich nachhaltig konsumieren? 44

Projekt: Umfrage zum Thema Wünsche 46

Auf einen Blick 47

Überprüfe dich selbst 48

3 Recht 49

Gibt es Gesetze für Kinder und Jugendliche? 50
Dürfen Kinder und Jugendliche arbeiten? 52
Welche Arbeiten sind erlaubt? 54
Ist Lernen auch Arbeit? 56
Wie ging es den Kindern früher? 58
Fallbeispiele: Wie entscheide ich? 60

Projekt: Kinderarbeit weltweit 62

Auf einen Blick 63

Überprüfe dich selbst 64

4 Technik 65

Warum wurden technische Erfindungen gemacht? 66
Warum entwickelt sich Technik weiter? 68
Wie entwickelte sich das Windrad? 70
Wo finden wir Technik in der Schule und im Klassenzimmer? 72
Technik – Nutzen im Haushalt, Vergnügen in der Freizeit? 74
Wann ist ein technisches Gerät sinnvoll? 76
Technik – nur Chancen ohne Risiken? 78

Projekt: Die Luftballonrakete 80

Auf einen Blick 81

Überprüfe dich selbst 82

Anhang 83

Methoden 83

Hinweise zum Lösen der Aufgaben 87
Lexikon 90
Stichwortverzeichnis 93
Überblick über Kompetenzen 94
Text- und Bildquellenverzeichnis 95
Impressum 96

Was ist WiB?

Hallo, ich bin die Samira. Ich freue mich auf die Mittelschule. Zusammen mit Felix besuche ich die Klasse 5a der Mittelschule Neustadt.

Grüß dich, ich bin der Felix. Samira und ich begleiten dich durch das Buch und den WiB-Unterricht.

WiB – ein neues Fach

In deinem neuen Stundenplan fehlt das Fach HSU (Heimat- und Sachunterricht). Dafür sind **neue Fächer** hinzugekommen:

- **Wirtschaft und Beruf (WiB)**
- **Geschichte/Politik/Geografie (GPG)**
- **Natur und Technik (NT)**
- **Informatik**

Das **Fach Wirtschaft und Beruf (WiB)** begleitet dich ab jetzt durch die Mittelschule. Es bereitet dich auf die Zeit nach der Schule und dein Berufsleben vor. In diesem Fach setzt du dich mit deinen **Interessen und Fähigkeiten** auseinander und beschäftigst dich mit der **Arbeits- und Berufswelt**.
WiB ist das Leitfach im **Lernfeld Berufsorientierung**. Zu diesem Lernfeld gehören auch folgende Fächer:

- **Werken und Gestalten (WG)**

und ab Klasse 7:

- **Technik (T)**
- **Ernährung und Soziales (ES)**
- **Wirtschaft und Kommunikation (WiK)**
- **das Wahlfach Buchführung**

Montag	Dienstag	Mittwoch	Donnerstag	Freitag
Mathematik	Deutsch	Mathematik	Deutsch	Mathematik
Mathematik	Deutsch	Deutsch	Mathematik	Englisch
Deutsch	Religion	GPG	Englisch	NT
Englisch	Religion	GPG	Englisch	Sport
NT	Kunst	Musik	WG	Sport
WiB	Kunst	Musik	WG	Informatik
		Diff. Sport		
		Diff. Sport		

1 Felix' und Samiras neuer Stundenplan für die 5. Klasse

Was lernen wir in **WiB**?

Mansur aus der 8. Klasse erklärt:

In WiB dreht sich alles um die Bereiche **Arbeit**, **Wirtschaft**, **Recht**, **Technik** und **Berufsorientierung**.

In WiB erwirbst du ↗ **Kompetenzen**. Das sind Fähigkeiten, die du im späteren Leben brauchst:

Handeln, also wichtige eigene Entscheidungen treffen und umsetzen, z. B. bei der Berufswahl.

Analysieren und wirtschaftliche, berufliche, technische und rechtliche Zusammenhänge verstehen.

Kommunizieren und dich mit anderen austauschen, Fachbegriffe verwenden und deine Meinung begründen.

Beurteilen, sodass du Sachverhalte oder auch dich selbst bewerten und begründete Entscheidungen treffen kannst.

Merke

- An der Mittelschule werden neue Fächer unterrichtet: WiB, GPG, NT und Informatik.
- Im Fach WiB bereite ich mich auf die Zeit nach der Schule und mein Berufsleben vor.
- Ich erwerbe wichtige Kompetenzen, wie zum Beispiel, etwas begründet zu beurteilen.

Fachbegriffe:
- das Fach WiB
- die Berufsorientierung
- die Kompetenz

Aufgaben

Methoden: Befragung durchführen S. 83

1 Notiert Fragen. Tauscht euch aus.
a) Was weißt du schon über die Mittelschule?
b) Was möchtest du noch wissen?

2 **a)** Seht euch euren neuen Stundenplan an. Findet ihr Unterschiede zum Stundenplan aus der 4. Klasse? Tauscht euch aus.
b) Besprecht, wofür die Abkürzungen WiB, GPG und NT stehen.
c) Stellt Vermutungen an, was ihr in diesen Fächern lernen werdet.

3 Befrage einen Mitschüler oder eine Mitschülerin aus der 8. oder 9. Klasse (eventuell auch M10), was du im Fach WiB lernen wirst (→ Methode).

4 **a)** Berichte deinen Eltern von deinen ersten Schultagen an der Mittelschule.
b) Erkläre zu Hause, was du in den nächsten Jahren im neuen Fach WiB lernen wirst.

Lea aus der 9. Klasse antwortet:

Du lernst viele **Arbeitstechniken und Methoden** kennen und nimmst an **Projekten** teil. In WiB arbeitet man auch oft mit anderen Fächern zusammen.

Die Inhalte und ↗ Kompetenzen erarbeitest du dir, indem du im WiB-Unterricht verschiedene Positionen, Rollen und ↗ **Perspektiven** einnimmst.

Dabei geht es immer darum, **verantwortungsbewusst** zu handeln.

↗ **Konsumentin oder Konsument**, z. B. wenn du einkaufst

Arbeitnehmerin oder Arbeitnehmer, z. B. wenn du einen Beruf ausübst

Unternehmer oder Unternehmerin, z. B. wenn du ein Unternehmen gründest

Staatsbürger oder Staatsbürgerin, z. B. wenn du Verträge schließt

1 Im WiB-Unterricht bereitest du dich auf zukünftige Aufgaben und Rollen vor.

Fachbegriffe:
- das Projekt
- die Perspektive

Merke
- Im Fach WiB lerne ich Arbeitstechniken und Methoden kennen.
- Im WiB-Unterricht nehme ich verschiedene Positionen, Rollen und Perspektiven ein.

Aufgaben

1 Lies diese Seite zu Hause gemeinsam mit einem Erwachsenen.

2 Erkläre in eigenen Worten, was es heißt, eine Rolle einzunehmen oder die Perspektive zu wechseln. Nimm → **Abb. 1** zu Hilfe.

Wie funktioniert ein Projekt?

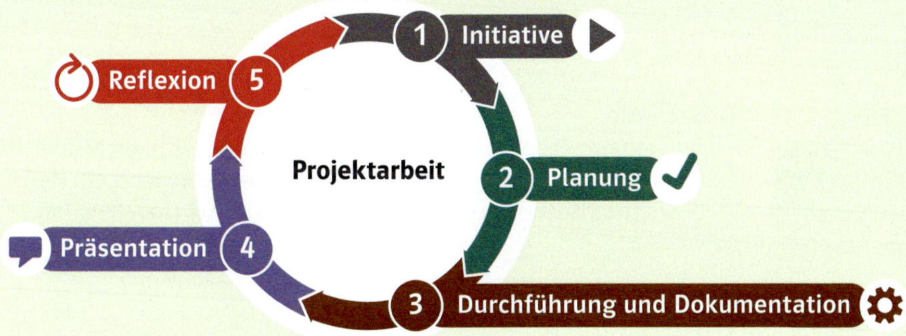

1 Projektarbeit – Die fünf Schritte der vollständigen Handlung

Eine besonders wichtige Methode und zugleich auch ein weiterer Lernbereich im Fach WiB ist die **Projektarbeit**. Im Fach WiB wird oft in Projekten gearbeitet. Auch im späteren Berufsleben werden viele Aufgaben in Projekten bearbeitet.
Im WiB-Unterricht werden Projekte in Form von Leittexten präsentiert. Ein Leittext erklärt genau, wie das Projekt **Schritt für Schritt** bearbeitet wird. Er besteht aus zwei Teilen: Zunächst gibt es ein Szenario, das erklärt, was zu tun ist. Darauf folgen Aufgaben und Fragen sowie Tipps zur Organisation der Arbeit und zu den Materialien.
In der 5. Jahrgangsstufe spricht man noch nicht von einem **Projekt**, sondern von **projektorientiertem Arbeiten**. Entsprechend der **fünf Schritte der vollständigen Handlung** bedeutet das:

1. Projektinitiative

Zuerst geht es darum, das Projekt zu **starten**. Ihr entwickelt eine Idee, was euer Vorhaben ist. Eure Lehrkraft formuliert dann ein Szenario. Das Szenario stellt euch eine Ausgangssituation vor und erklärt, welches Ziel erreicht werden soll.

2. Projektplanung

Dann geht es ans **Planen** und ihr klärt wichtige Fragen: Was ist zu tun? Wie wird gearbeitet? Wer übernimmt welche Aufgaben? Wann und wo werden sie erledigt? Braucht ihr Hilfsmittel?

3. Projektdurchführung und Dokumentation

An dieser Stelle geht es um das **Durchführen**. Ihr setzt eure Idee praktisch um und haltet dabei eure Arbeitsschritte fest, zum Beispiel schriftlich, mit Fotos oder in einem Video. Dies bezeichnet man als **Dokumentieren**.

4. Projektpräsentation

Hier stellt ihr eure Arbeitsergebnisse vor. Diese Phase wird **Präsentieren** genannt.

5. Projektreflexion

Ihr schaut auf eure Arbeit zurück und prüft: Was lief gut? Wo gab es Probleme? Was werdet ihr in Zukunft besser machen? Dieser letzte Schritt heißt **Reflektieren**.

Upcycling – tierisch gute Dosen

Szenario:
Auf deinem Arbeitsplatz in der Schule befindet sich ein Durcheinander aus Stiften, Pinsel, Schere und Lineal. Um dieses zu beseitigen, stellst du dir eine Aufbewahrungsdose in Gestalt eines Tieres durch ↗ Upcycling her.

1. Starten

Startet mit dem Szenario. Dort erfahrt ihr, was zu tun ist.

- ✓ Besprecht gemeinsam den Inhalt des Szenarios.
- ✓ Notiert euch wichtige Stichworte zu eurem Auftrag.

2. Planen

Plant euer Vorgehen.

- ✓ Besorge dir eine leere, saubere Dose mit glattem Rand.
- ✓ Besorge auch Zeitungspapier, gebrauchtes Buntpapier oder Verpackungspapier, Tonpapier, Bleistift, eine Schnur, Lineal, Schere, Kleber und Filzstifte.
- ✓ Überlege dir, in welches Tier du deine Dose verwandeln möchtest.

3. Durchführen und dokumentieren

Führt euer Vorhaben durch und dokumentiert es.

- ✓ Breite das Zeitungspapier als Arbeitsunterlage auf deinem Tisch aus.
- ✓ Miss mit dem Lineal die Höhe der Dose aus. Miss mit der Schnur den Umfang der Dose aus und füge noch einen Fingerbreit hinzu.
- ✓ Übertrage die Maße mit dem Lineal auf dein Papier und schneide es aus.
- ✓ Zeichne mit dem Bleistift Körperteile wie Augen, Kopf, Schwanz oder Flügel auf das Tonpapier. Schneide alle Teile aus.
- ✓ Zeichne Einzelheiten auf die Körperteile und gestalte den Papierstreifen mit den Filzstiften.
- ✓ Klebe den fertigen Papierstreifen um die Dose und alle Körperteile darauf.
- ✓ Schreibe deine Vorgehensweise schrittweise auf.

4. Präsentieren

Präsentiert eure Arbeitsergebnisse.

- ✓ Stellt alle Dosen auf. Betrachtet die entstandenen „tierisch guten Dosen".

5. Reflektieren

Schaut auf eure Arbeit zurück. Reflektiert den gesamten Ablauf.

- ✓ Gut funktioniert hat …
- ✓ Probleme gab es bei …
- ✓ Das werde ich in Zukunft anders machen …

1 Arbeit

Was denkst du?

Was ist Arbeit?

Hast du auch einen Arbeitsplatz?

Wie kannst du mehr über einen Arbeitsplatz herausfinden?

Wie läuft mein Tag ab?

Ein Tagesablauf am Morgen und Vormittag

1 Felix' Tagesablauf von morgens bis zum Schulschluss

Ein Tagesablauf am Nachmittag und Abend

In der Schule gibt der Stundenplan vor, wie der Schultag abläuft. Was Felix nach dem Schulschluss noch an diesem Tag unternimmt, steht in der Tabelle.

Uhrzeit	Tätigkeit
13:00 Uhr	Fahrt nach Hause
13.20 Uhr	Mittagessen, Tisch abräumen, ausruhen
14.15 Uhr	Hausaufgaben machen, Schultasche für den nächsten Tag packen
15.15 Uhr	Computer spielen
15.45 Uhr	Sportsachen packen
16.00 Uhr	Fahrt zum Training
16.15 Uhr	Training
17.45 Uhr	Fahrt nach Hause, duschen
18.15 Uhr	Tisch decken
18.30 Uhr	Abendessen
19.00 Uhr	Tisch abräumen, aufräumen
19.15 Uhr	↗ Medienzeit
20.00 Uhr	Zähne putzen
20.15 Uhr	schlafen gehen

2 Felix' Tagesablauf vom Schulschluss bis zum Schlafengehen

Merke

- Arbeit und Freizeit gehören zum Tagesablauf.
- Menschen haben unterschiedliche Tagesabläufe.

Fachbegriffe:
- die Arbeit
- die Freizeit
- der Tagesablauf

Aufgaben

Methoden: Tabelle anlegen S. 86

1 Wie sieht dein heutiger Tagesablauf aus? Beschreibt und tauscht euch aus.

2 **a)** Seht euch Felix' Tagesablauf an → Abb. 1, 2. Beantwortet die Fragen:
- Wie lange fährt Felix zur Schule?
- Wie viel Zeit verbringt Felix am Computer?

b) Findet weitere Fragen und stellt sie euch gegenseitig.
c) Vergleiche Felix' Tagesablauf mit deinem. Welche Gemeinsamkeiten und Unterschiede gibt es?

D1 **3** **a)** Übertrage Felix' gesamten Tagesablauf in eine Tabelle (→ Methode).

Uhrzeit	Tätigkeit	Dauer

b) Markiere folgende Bereiche in unterschiedlichen Farben: Zeitanteile für
- die Schule (blau),
- die Freizeit (grün),
- sonstige Tätigkeiten (gelb).

c) Rechne aus, wie viel Zeit Felix für den jeweiligen Bereich braucht.

D2 **4** **a)** Erstelle eine Tabelle für deinen Tagesablauf. Gehe so vor wie in Aufgabe 3.
b) Vergleiche deinen Tagesablauf mit dem von Felix. Wofür brauchst du mehr Zeit, wofür weniger?

5 Vergleicht eure Tagesabläufe in der Klasse: Welche Gemeinsamkeiten und Unterschiede gibt es? Begründet, woran das liegt.

Was ist Arbeit?

Welche Eigenschaften hat Arbeit?

Aussagen zu Arbeit	Eigenschaften von Arbeit
Mein Vater weiß bei den Aufgaben in der Firma genau, was er zu tun hat und geht nach einem Plan vor.	**planvoll**
Meine Mutter hat bei ihrer Arbeit als Floristin das Ziel, die Wünsche der Kundschaft zu erfüllen.	**zielgerichtet**
Wir alle helfen bei der Hausarbeit mit und teilen uns die Aufgaben auf.	**bewusst**
Meine Eltern strengen sich an, um ihre Aufgaben in der Arbeit zu erfüllen.	**anstrengend**
Mein Vater arbeitet in der Firma und auf Baustellen.	**an verschiedenen Arbeitsplätzen**

1 Beispiele und Eigenschaften von Arbeit

Warum arbeiten wir?

Es gibt verschiedene Formen von Arbeit → **Abb. 2**.
In der Regel arbeiten Menschen, um Geld zu verdienen und sich damit ihren ↗ Lebensunterhalt zu sichern. Das bedeutet zum Beispiel, Geld zu haben für Essen, Kleidung und eine Wohnung. Darüber hinaus möchte man sich etwas leisten können, zum Beispiel in der Freizeit oder im Urlaub.
Arbeit lohnt sich aber auch, wenn sie nicht bezahlt wird. Ein ↗ Ehrenamt, zum Beispiel als Sportjugend-Trainerin, oder die unbezahlte ↗ Hausarbeit in Haushalt und Familie sind wertvoll und notwendig. Ohne diese Arbeit würde vieles in der Familie und der Gesellschaft nicht funktionieren. Es ist schön, wenn uns die Arbeit Spaß macht und wir das Gefühl haben, etwas Sinnvolles zu tun.

Bäckereifachverkäufer

Auszubildende in der Industrie

Feuerwehrleute

Hausarbeit

2 Verschiedene Formen von Arbeit

Merke

- Arbeit hat bestimmte Eigenschaften: Sie ist eine planvolle und zielgerichtete Tätigkeit. Sie wird bewusst gemacht, kann anstrengend sein und an verschiedenen Arbeitsplätzen stattfinden.
- Menschen arbeiten, um Geld zu verdienen und den Lebensunterhalt zu sichern.
- Hausarbeit und Ehrenamt werden nicht bezahlt, sind aber auch sinnvoll und wichtig.

Fachbegriffe:
- die Arbeitseigenschaften
- der Lebensunterhalt
- das Ehrenamt
- die Hausarbeit

Aufgaben

Methoden: Internetrecherche S. 84, Mindmap erstellen S. 85

1 Sammelt, was euch zum Begriff Arbeit einfällt. Überlegt, welche Arbeiten die Personen in eurem Umfeld ausführen. Tauscht euch aus.

2 **a)** Erklärt die Eigenschaften von Arbeit mit eigenen Worten → **Abb. 1**.
b) Bildet eigene kurze Aussagen zum Begriff Arbeit. Schreibt sie auf und ordnet ihnen die Eigenschaften von Arbeit zu.

3 **a)** Wähle einen Beruf aus, der dich interessiert.
b) Recherchiere im Internet, welche Aufgaben man in diesem Beruf erledigen muss (→ Methode).
c) Erstelle eine Mindmap (→ Methode) zu dem gewählten Beruf und ordne die Eigenschaften von Arbeit zu.

4 Samiras Vater hilft bei der Freiwilligen Feuerwehr. Das ist ein Ehrenamt. Beschreibt, was ehrenamtliche Arbeit ist. Nennt weitere ehrenamtliche Tätigkeiten.

5 Zu Hause gibt es Aufgaben, die täglich oder regelmäßig erledigt werden müssen.
a) Tragt zusammen, welche Aufgaben das sind.
b) Berichte, welche Aufgaben du übernimmst.
c) Ist Hausarbeit auch Arbeit? Begründe deine Meinung.

○1, 5 ◒2, 4 ●3

Wie kann ich gut arbeiten?

Tipps für einen strukturierten Arbeitsplatz

Ein strukturierter Arbeitsplatz hilft dir, besser zu lernen.
Richte deinen Arbeitsplatz daher bewusst ein, damit du optimal arbeiten kannst.

- Sorge für einen ruhigen Platz, an dem dich nichts ablenkt.
- Lege dein Smartphone auf die Seite.
- Alle wichtigen Arbeitsmittel stehen griffbereit, wie zum Beispiel Stifte, Schere, Lineal, Kleber.
- Dein Stundenplan, Terminplan und wichtige Dokumente haben einen festen Platz.
- Achte auf eine gute Beleuchtung auf dem Schreibtisch.
- Sorge für frische Luft und lüfte regelmäßig.
- Stelle einen Papierkorb bereit, um unnötige Blätter zu entsorgen.

1 Ein Beispiel für einen gut strukturierten Arbeitsplatz

Stuhl- und Tischhöhe sind wichtig

Nicht nur Sauberkeit und Ordnung sind wichtig am Arbeitsplatz, sondern auch das richtige **Verhältnis von Tisch- und Stuhlhöhe.** Eine falsche Höhe kann zu einer schlechten Körperhaltung, Beschwerden im Nacken oder Rückenschmerzen führen. Praktisch sind Schreibtische, die höhenverstellbar sind. Der Schreibtischstuhl sollte an deine Größe angepasst sein.
Kannst du nicht so lange am Stück sitzen, bietet sich vielleicht auch ein Stehtisch an. Hier kannst du im Stehen arbeiten und deine Position verändern.

Tipps für deine Sitzposition

Achte auf deine Sitzposition, damit du gesund bleibst.
- Die Füße sollen beim Sitzen den Boden mit der ganzen Sohle berühren.
- Die Oberschenkel sollen sich beim Sitzen frei bewegen können.
- Es muss möglich sein, die Unterarme bequem auf der Tischplatte abzulegen.
- Wenn der Rücken von einer Lehne gestützt wird, ist das sehr entlastend.

2 Beispiel für eine gute Sitzposition

Merke
- Ein gut strukturierter Arbeitsplatz hilft mir, besser zu lernen.
- Ein gut eingerichteter Arbeitsplatz hilft mir, gesund zu bleiben.

Fachbegriffe:
- der Arbeitsplatz
- die Struktur

Aufgaben

Methoden: Internetrecherche S. 84

1 Beschreibe, wo du in der Regel Hausaufgaben machst. Was findest du gut an diesem Arbeitsplatz? Was stört dich? Tauscht euch aus.

2 Zählt auf, welche Merkmale in **Abb. 1 und 2** für einen guten Arbeitsplatz sprechen.

3 **a)** Erkläre, warum es sinnvoll ist, dass Schreibtische und Stühle für Kinder und Jugendliche höhenverstellbar sein sollten.
b) Habt ihr auch höhenverstellbare Tische in der Schule? Befragt euren Hausmeister.

4 Silke wohnt mit ihren Eltern und drei kleinen Geschwistern in einer kleinen Wohnung. Sie teilt sich mit ihrer Schwester ein Zimmer. Platz für einen Schreibtisch ist dort nicht. Sie macht ihre Hausaufgaben am Esstisch in der Küche. Oft wird sie von ihren Geschwistern gestört.
Sammelt Tipps und erläutert, wie Silke in Ruhe ihre Aufgaben erledigen kann.

5 Den ganzen Tag zu sitzen, ist nicht gesund.
a) Warum ist das so? Begründet.
MK D4 **b)** Recherchiert nach Übungen zur Entlastung (→ Methode). Welche kann man in den Schulalltag einbauen? Fasst sie auf einer Liste zusammen.
c) Fragt eure Sportlehrkraft nach weiteren Übungen. Ihr könnt auch fächerübergreifend mit dem Fach Sport arbeiten und einen Übungsplan erstellen.

Wer arbeitet in der Schule?

1 Einige Räume der Mittelschule Neustadt

Arbeitsplätze an einer Schule

Samira und Felix schauen sich ihre neue Schule genauer an. Jede Schule ist ein Arbeitsplatz für viele Lernende und Lehrkräfte. Damit der Schulbetrieb gut funktioniert, sind viele Personen mit unterschiedlichen Arbeitsaufgaben an der Schule beschäftigt.

Anzahl der Schülerinnen und Schüler:	283 in 12 Klassen	
Lehrkräfte:	23 Lehrerinnen und Lehrer 6 Fachlehrerinnen und Fachlehrer 1 Förderlehrer	
Sonstige:	1 Sozialarbeiter 1 Berufseinstiegsbegleiterin 1 Berufsberater	
Rektorat:	1 Rektorin 1 Konrektor	
Sekretariat:	1 Verwaltungsfachangestellte	
Hauspersonal:	1 Hausmeister 4 Reinigungskräfte	
Pausenverkauf:	Hausmeisterehepaar	
Schulräume:	12 Klassenzimmer 4 Fachräume 1 Turnhalle 1 Sekretariat 1 Lehrerzimmer	2 Büros Rektorat 2 Elternsprechzimmer 1 Lernwerkstatt 1 Mensa 1 Kunstraum/Musikraum

2 Personen, die in der Mittelschule Neustadt arbeiten

Merke

- In einer Schule arbeiten viele Personen.
- Jede Person übernimmt bestimmte Arbeitsaufgaben, damit der Schulalltag funktioniert.

Fachbegriffe:
- die Arbeitsaufgabe

Aufgaben

Methoden: Bildbeschreibung S. 83

1 Beschreibt die Mittelschule Neustadt → **Abb. 1** (→ Methode). Gibt es Gemeinsamkeiten und Unterschiede zu eurer Schule? Tauscht euch aus.

2 Findet in **Abb. 1** und in **Abb. 2** Personen mit unterschiedlichen Berufen. Tauscht euch über die Tätigkeiten dieser Personen aus.

3 a) Wer arbeitet an eurer Schule? Welche Räume habt ihr? Erstellt eine Tabelle wie in **Abb. 2** für eure Schule.

b) Kennt ihr schon alle Räume und Personen an eurer Schule? Wenn nicht, fragt eure WiB-Lehrkraft, ob ihr eine Schulhaus-Erkundung oder eine Schulhaus-Rallye machen könnt.

4 Berichte, welche Arbeitsaufgaben Personen mit verschiedenen Berufen an eurer Schule verrichten.

○1 ◒2, 3 ●4

Welche Merkmale hat ein Arbeitsplatz?

Befragung einer Lehrkraft

Die Arbeit eines Lehrers oder einer Lehrerin beschränkt sich nicht nur auf das Unterrichten. Samira und Felix möchten mehr über die Arbeit ihres Lehrers, Herrn Neuer, erfahren. In der Pause befragen die beiden ihn dazu.

Samira: **Wo arbeiten Sie? Wo ist Ihr Arbeitsort?**	Ich arbeite an verschiedenen Orten. Ihr seht mich im Klassenraum oder im Lehrerzimmer. Aber ich arbeite auch auf dem Pausenhof und natürlich zu Hause am Schreibtisch.
Felix: **Welche Aufgaben haben Sie in Ihrem Beruf?**	Das ist unterschiedlich. Meine Hauptaufgabe ist es, euch zu unterrichten und zu erziehen. Dafür bereite ich den Unterricht vor und korrigiere eure Arbeiten. Zudem führe ich Elterngespräche und organisiere viel. Dazu telefoniere ich und schreibe E-Mails. Ich nehme auch regelmäßig an Lehrerkonferenzen und Fortbildungen teil.
Samira: **Welche Arbeitsmittel, Medien und Materialien verwenden Sie?**	Im Klassenzimmer verwende ich verschiedene ↗ Medien. Ich nutze die Tafel, aber auch den Beamer und das Tablet. Ich benötige wie ihr Papier, Stifte und andere Materialien zum Schreiben. Natürlich nutze ich auch viele Bücher und den Computer.
Felix: **Zu welchen Arbeitszeiten arbeiten Sie?**	Ich unterrichte vormittags und bereite am Nachmittag den nächsten Unterricht vor. Meistens arbeite ich auch abends, wenn meine Kinder im Bett sind, und auch mal in den Ferien.
Samira: **Wie lange arbeiten Sie? Wie ist Ihre Arbeitsdauer?**	Eine Unterrichtsstunde dauert 45 Minuten, wie ihr wisst. Andere Arbeitstätigkeiten, wie zum Beispiel eine Unterrichtsstunde vorzubereiten, dauert unterschiedlich lange. Habe ich Arbeiten zu korrigieren, dauert das schon mal ein paar Stunden.

Felix: **Wie würden Sie Ihre Arbeitsbedingungen beschreiben? Was mögen Sie besonders an Ihrem Beruf?**	Ich liebe an meinem Beruf, dass er so abwechslungsreich ist. Bei der Unterrichtsvorbereitung recherchiere ich gerne und sitze hauptsächlich am Schreibtisch. Im Unterricht selbst stehe ich oder laufe durchs Klassenzimmer. Man kann auch unterschiedliche Lernorte nutzen, das ist immer spannend. Jeder Tag ist anders, auch jeder Schüler und jede Schülerin ist anders. Manchmal ist es allerdings auch sehr laut im Klassenzimmer oder es gibt Konflikte auf dem Pausenhof, das kann sehr anstrengend sein.
Samira und Felix: **Herr Neuer, wir danken Ihnen für Ihre Zeit.**	Eure Fragen habe ich gerne beantwortet. Es freut mich, dass ihr euch für meinen Beruf interessiert.

1 Der Lehrer, Herr Neuer, arbeitet an verschiedenen Arbeitsorten

Merke

- Arbeitsplätze haben verschiedene Merkmale wie den Arbeitsort, die Arbeitszeit, die Arbeitsdauer und unterschiedliche Arbeitsmittel und Arbeitsaufgaben.
- Die Arbeitsbedingungen können gut oder anstrengend sein.
- Die Arbeitsbedingungen beeinflussen, wie wohl wir uns am Arbeitsplatz fühlen.

Fachbegriffe:
- die Arbeitsplatzmerkmale
- die Arbeitsbedingungen

Aufgaben

Methoden: Befragung durchführen S. 83, Beobachten und dokumentieren S. 83

1 Habt ihr euch schon einmal einen Arbeitsplatz angesehen, vielleicht den von euren Eltern? Beschreibt den Arbeitsort und die Arbeitsaufgaben. Tauscht euch aus.

2 Samira und Felix befragen Herrn Neuer nach den Merkmalen seines Arbeitsplatzes.
a) Zählt alle Arbeitsplatzmerkmale auf, nach denen Felix und Samira fragen.
b) Bildet Dreiergruppen. Spielt das Interview mit verteilten Rollen nach.

3 Überlegt euch weitere Fragen, die ihr eurer Lehrkraft zu ihrem Arbeitsplatz stellen würdet. Nehmt **Abb. 1** zu Hilfe.

4 Führt dazu Befragungen durch.
a) Führt mit einer Lehrerin oder einem Lehrer ein Interview (→ Methode).
b) Dokumentiert die Antworten (→ Methode).
c) Tauscht euch zu euren Interviews aus.

5 Wähle zwischen Aufgabe a) oder b).
a) Lehrer oder Lehrerin – ein Traumberuf? Was meinst du dazu? Begründe deine Meinung.
b) Stelle dir deinen Traum-Arbeitsplatz vor. Beschreibe seine Merkmale und begründe.

Wie erkunden wir Arbeitsplätze?

Planung

Überblick Arbeitsplatzerkundung

Bei einer Arbeitsplatzerkundung lernst du Arbeitsplätze genau kennen. Eine Arbeitsplatzerkundung besteht aus vier aufeinander folgenden **Phasen**, ähnlich wie bei einem Projekt:

Planung → Durchführung und Dokumentation → Präsentation → Reflexion

Die wichtigste Phase ist die **Planung**, bei der alle Elemente der Erkundung berücksichtigt werden. Eine gute Planung ist die Voraussetzung für eine erfolgreiche Erkundung.

Elemente einer Arbeitsplatzerkundung

Interviewer/Interviewerin:

- einzeln
- mit Partner/Partnerin
- in der Gruppe

Person am Arbeitsplatz:

- Kontakt organisieren
- Termin absprechen

Methoden/Techniken:

- Befragung
- Beobachtung
- Dokumentation
- Präsentation

Arbeitsmittel:

- Notizblock, Stift oder Tablet
- Kamera oder Handy …

Fragebogen:

- oberen Teil gestalten: Überschrift und Angaben zu Datum, Uhrzeit, voraussichtlicher Dauer, beteiligten Personen
- Fragen zu allen ↗ Arbeitsplatzmerkmalen formulieren (→ S. 20/21)
- Fragen auf Tablet oder Notizblock schreiben (Platz für die Antworten lassen)

Probe:

- Rollen verteilen (Wer fragt? Wer notiert? Wer beobachtet?)
- Begrüßung und Vorstellung überlegen (Name, Klasse, Schule, Ziel der Befragung)
- Fragen vorlesen und Antworten in Stichpunkten notieren; Techniken: Befragung, Beobachtung, Dokumentation (→ Methoden)
- aufmerksam und konzentriert bleiben
- höflichen Abschluss üben

1 Elemente einer Arbeitsplatzerkundung

Checkliste: Arbeitsplatzerkundung

Rahmenbedingungen
- ☐ klären, wer zusammenarbeitet (einzeln, Partnerarbeit, Team)
- ☐ klären, welcher Arbeitsplatz erkundet wird (Termin absprechen)
- ☐ Präsentationsform überlegen (Plakat, Podcast, Video …)
- ☐ Hilfsmittel besorgen (Notizblock/Stift oder Tablet, Kamera …)

Fragebogen
- ☐ oberen Teil des Fragebogens gestalten (Datum, Uhrzeit, voraussichtliche Dauer, beteiligte Personen …)
- ☐ Fragen zu allen ↗ Arbeitsplatzmerkmalen formulieren (→ S. 20/21)
- ☐ Fragen auf Tablet schreiben oder auf ein Blatt Papier mit Platz für die Antworten

Probe Interview
- ☐ Rollen verteilen (Wer fragt? Wer notiert? Wer beobachtet? …)
- ☐ freundliche Begrüßung und Vorstellung üben (Name, Klasse, Schule, Ziel der Befragung …)
- ☐ Fragen vorlesen und Antworten in Stichpunkten notieren; Techniken: Befragung, Beobachtung und Dokumentation (→ Methoden)
- ☐ aufmerksam und konzentriert bleiben (lächeln, Blickkontakt, nicken, eventuell nachfragen …)
- ☐ höflichen Abschluss üben (danken, verabschieden)

2 Checkliste für die Arbeitsplatzerkundung

Merke
- Bei einer Arbeitsplatzerkundung lerne ich Arbeitsplätze genau kennen.
- Eine Erkundung besteht aus den Phasen Planung, Durchführung und Dokumentation, Präsentation sowie Reflexion.
- Eine gute Planung ist Voraussetzung für eine erfolgreiche Erkundung.

Fachbegriffe:
- die Arbeitsplatzerkundung
- die Planung
- die Checkliste

Aufgaben

Methoden: Befragung durchführen S. 83, Beobachten und dokumentieren S. 83

1 **a)** Findet euch zu dritt oder viert in Teams zusammen.
b) Überlegt, welchen Arbeitsplatz ihr erkunden möchtet.

2 **a)** Begründet, warum die Planung bei einer Erkundung so wichtig ist.
b) Klärt, was die einzelnen Elemente einer Erkundung sind → **Abb. 1**.
c) Plant eure Arbeitsplatzerkundung Schritt für Schritt anhand der Checkliste → **Abb. 2**.

3 **a)** Probt die Durchführung und übt das Interview mit verteilten Rollen (→ Methoden).
b) Wertet die Probe aus:
- Was war gut?
- Was wollt ihr bei eurer Erkundung anders und besser machen?

Wie erkunden wir Arbeitsplätze? – Fortsetzung

Durchführung und Dokumentation

Samira: Guten Tag, Frau Kurz. Wir sind Felix, Luca und Samira aus der 5a.
Wir freuen uns, dass wir ihren Arbeitsplatz erkunden dürfen. Dafür haben wir 10 Fragen vorbereitet.

Frau Kurz: Guten Tag!

1 Begrüßung und Vorstellung zu Beginn der Arbeitsplatzerkundung

Frau Kurz: Hier seht ihr meine wichtige Tabelle für die Schülerverwaltung. Darin erfasse ich zum Beispiel die Adresse eines neuen Schülers. Oder ich notiere, wenn eine Schülerin krankgemeldet wurde.

Felix: Darf ich noch einmal nachfragen? Eine Sache habe ich noch nicht ganz verstanden.

2 Befragung, Beobachtung und Dokumentation während der Arbeitsplatzerkundung

Samira: Das war unsere letzte Frage. Wir werden die Ergebnisse als Plakat präsentieren.

Luca: Dürfen wir dazu noch ein Foto von Ihnen an Ihrem Arbeitsplatz machen?

Felix: Vielen Dank, dass Sie sich Zeit für uns genommen haben.

3 Dank und Verabschiedung zum Abschluss der Arbeitsplatzerkundung

Präsentation

4 Präsentation der Arbeitsplatzerkundung auf einem Plakat

Reflexion

Samira, Felix und Luca blicken auf ihre Erkundung zurück

Die Arbeitsplatzerkundung von Samira, Felix und Luca war ein voller Erfolg. Dank der guten Planung und der Probe hat die Durchführung gut funktioniert. Auch die Präsentation des Plakates ist gelungen, da das Plakat sehr übersichtlich gestaltet war. Außerdem haben die drei die Präsentation vorher geübt und sich beim Sprechen abgewechselt.
Als Rückmeldung haben sie viel Lob aus der Klasse bekommen. Es waren auch ein paar Tipps dabei, was sie beim nächsten Mal noch besser machen könnten.

Merke

- Bei einer Arbeitsplatzerkundung wird mit verschiedenen Methoden gearbeitet wie Befragung, Beobachtung und Dokumentation.
- Lob und Tipps nach der Präsentation helfen zu reflektieren, was gut war und was beim nächsten Mal noch verbessert werden könnte.

Fachbegriffe:
- die Durchführung
- die Präsentation
- die Reflexion

Aufgaben

Methoden: Befragung durchführen S. 83, Beobachten und dokumentieren S. 83, Plakat gestalten S. 85

1 **a)** Lest die Szenen → **Abb. 1–3.** Welche Situationen der Arbeitsplatzerkundung werden dargestellt?
b) Vergleicht mit eurer Probe. Überlegt, ob ihr noch etwas verändern möchtet.

2 Führt die Arbeitsplatzerkundung durch. (→ Methoden).

3 Gestaltet für die Präsentation ein Plakat → **Abb. 4.** Das Plakat kann auch fächerübergreifend in Deutsch oder Kunst erstellt werden. Skizziert dazu zuerst eine Aufteilung für das Plakat. Platziert dann alle Teile (Überschrift, Fotos, Texte) und klebt sie anschließend auf (→ Methode).

4 Verfolgt die Präsentationen aller Gruppen. Gebt eine Rückmeldung, was gut war und auch sachliche Tipps, was man verbessern könnte.

◐1, 3 ●2, 4

Wir organisieren eine Ausstellung

Szenario:
Ihr habt verschiedene **Arbeitsplätze in der Schule** erkundet und **Plakate** dazu erstellt. Damit auch alle anderen Schülerinnen und Schüler sowie die Lehrkräfte die Plakate anschauen können, organisiert ihr eine **Ausstellung**.

1. Starten

Startet mit dem Szenario. Dort erfahrt ihr, was zu tun ist.

- ✓ Alle Schülerinnen und Schüler sowie die Lehrkräfte sollen eure Plakate anschauen können.
- ✓ Ihr organisiert dazu eine Ausstellung.

2. Planen

Plant euer Vorgehen.

- ✓ Schaut euch eure Plakate noch einmal an. Überlegt, ob ihr noch etwas verbessern müsst.
- ✓ Überlegt, wo die Ausstellung stattfinden könnte.
- ✓ Prüft, wie ihr die Plakate befestigen könnt.
- ✓ Plant, in welcher Form man Werbung für die Ausstellung machen könnte.
- ✓ Teilt die Aufgaben auf und bildet Kleingruppen.

3. Durchführen und dokumentieren

Führt euer Vorhaben durch und dokumentiert es.

- ✓ Alle führen ihre Aufgaben aus.
- ✓ Eventuell werden einige Plakate neu gestaltet.
- ✓ Stellt Stellwände auf oder bringt die Plakate an der Wand an, auf der ihr ausstellen dürft.
- ✓ Geht durch die Klassen und informiert über die Ausstellung.

4. Präsentieren

Präsentiert eure Arbeitsergebnisse.

- ✓ Bietet eine Führung durch die Ausstellung an.
- ✓ Berichtet von euren Erfahrungen bei der Arbeitsplatzerkundung.

5. Reflektieren

Schaut auf eure Arbeit zurück. Reflektiert den gesamten Ablauf.

- ✓ Gut funktioniert hat …
- ✓ Probleme gab es bei …
- ✓ Das werde ich in Zukunft anders machen …

Diese Fachbegriffe kenne ich jetzt:

Arbeit

Was ist Arbeit?
- die Arbeit
- die Freizeit
- der Tagesablauf
- die Arbeitseigenschaften
- der Lebensunterhalt
- das Ehrenamt
- die Hausarbeit

Arbeitsplätze
- der Arbeitsplatz
- die Struktur
- die Arbeitsplatzmerkmale (Arbeitsort, Arbeitsaufgabe, Arbeitsmittel, Arbeitszeit, Arbeitsdauer, Arbeitsbedingungen)

Arbeitsplatzerkundung
- die Planung
- die Checkliste
- die Durchführung
- die Präsentation
- die Reflexion

Das weiß ich jetzt:

Was ist Arbeit?

Menschen haben unterschiedliche Tagesabläufe. Arbeit und Freizeit gehören dazu.

Arbeit hat bestimmte Eigenschaften: Sie ist eine planvolle und zielgerichtete Tätigkeit. Sie wird bewusst gemacht, kann anstrengend sein und an verschiedenen Arbeitsplätzen stattfinden.

Menschen arbeiten, um Geld zu verdienen und den Lebensunterhalt zu sichern.

Hausarbeit und Ehrenamt sind auch Arbeit. Sie werden nicht bezahlt, sind aber genauso wichtig.

Arbeitsplätze

Ein gut strukturierter Arbeitsplatz hilft mir, besser zu lernen. Ein gut eingerichteter Arbeitsplatz hilft mir, gesund zu bleiben.

Arbeitsplätze haben verschiedene Merkmale wie den Arbeitsort, die Arbeitszeit, die Arbeitsdauer sowie unterschiedliche Arbeitsmittel und Arbeitsaufgaben.

Auch die Arbeitsbedingungen gehören zu den Merkmalen. Sie können anstrengend sein, aber auch zu Zufriedenheit im Beruf führen.

Arbeitsplatzerkundung

Bei einer Arbeitsplatzerkundung lerne ich Arbeitsplätze genau kennen.

Eine Erkundung besteht aus den Phasen Planung, Durchführung und Dokumentation sowie der abschließenden Präsentation und Reflexion.

Eine gute Planung ist Voraussetzung für eine erfolgreiche Erkundung.

Bei einer Arbeitsplatzerkundung wird mit verschiedenen Methoden gearbeitet wie Befragung, Beobachtung und Dokumentation. Checklisten helfen mir, den Überblick zu behalten.

Wie läuft mein Tag ab? S. 12/13

1 a) Wie viel Zeit verbringst du wöchentlich in der Schule? Rechne aus.
b) Wie viel Zeit hast du in der Woche für deine Freizeitaktivitäten? Überschlage.
c) Gibt es mehr Gemeinsamkeiten oder mehr Unterschiede zwischen deinem Tagesablauf und dem eines berufstätigen Erwachsenen? Begründe.

Was ist Arbeit? S. 14/15

2 a) Nenne zwei Beispiele dafür, warum Menschen arbeiten.
b) Nenne zwei Beispiele für Tätigkeiten, die Arbeit sind.
c) Zähle alle fünf Eigenschaften von Arbeit auf.

Wie kann ich gut arbeiten? S. 16/17

3 Was macht einen guten Arbeitsplatz aus? Erstelle einen Beitrag für eure Schülerzeitung oder Homepage, in dem du beschreibst, wie ein guter Arbeitsplatz für eine Schülerin oder einen Schüler aussehen sollte.

Wer arbeitet in der Schule? S. 18/19

4 a) In der Schule arbeiten Personen mit unterschiedlichen Berufen. Erkläre, warum.
b) Nenne jeweils zwei Tätigkeiten, die eure Sekretärin und euer Hausmeister täglich ausführen müssen.

Welche Merkmale hat ein Arbeitsplatz? S. 20/21

5 „Lehrkräfte haben nachmittags frei." Dieses Vorurteil über den Lehrerberuf hält sich hartnäckig. Stelle dir vor, du bist einmal Lehrer oder Lehrerin. Was würdest du auf diese Aussage antworten? Argumentiere sachlich.

Wie erkunden wir Arbeitsplätze? S. 22/23

6 Arbeitsplätze kannst du erkunden.
a) Erkläre, warum die Planung einer Erkundung so wichtig ist.
b) Welche Punkte sollte man bei der Planung beachten? Zähle auf.

Planung

Wie erkunden wir Arbeitsplätze? – Fortsetzung S. 24/25

7 a) Entscheide, welche Teile der folgenden Arbeitsplatzerkundungen gut geplant sind und welche nicht.
b) Begründe deine Entscheidung.
c) Gib Verbesserungsvorschläge, wo nötig.

Beispiel 1:
Simon, Sara und Mesut haben kurz besprochen, welche Aufgaben bei der Erkundung zu erledigen sind. Alle haben sich ausgesucht, was sie am liebsten machen möchten. Simon wird spontan Fragen stellen, die er sich vor Ort überlegt. Sara wird fotografieren und Mesut filmt mit dem Tablet. Alle möchten sich gegenseitig unterstützen.

Beispiel 2:
Tizian, Julius und Marvin planen die Arbeitsplatzerkundung ausführlich. Sie besprechen gemeinsam, wer welche Rolle übernimmt. Bei der Erkundung wechseln sie sich mit dem Befragen ab. Sicherheitshalber schreiben alle die Antworten mit.

2 Wirtschaft

Was denkst du?

Welche Wünsche haben Kinder?

Welche Bedürfnisse gibt es, die man nicht mit Geld erfüllen kann?

Hast du schon einmal etwas gekauft, weil du die Werbung gut fandest?

Was brauche ich (wirklich)?

Ein Mangel führt zu einem Bedürfnis

Wie Felix geht es uns in vielen Situationen. Wir spüren, dass uns etwas fehlt, und möchten diesen ↗ **Mangel** beseitigen. So entsteht ein ↗ **Bedürfnis**. Ein Bedürfnis kann zu einem Wunsch führen.

Mangel	Bedürfnis
Felix friert draußen.	**Felix braucht eine warme Jacke.**

Bedürfnisse sind unterschiedlich

Wir brauchen Essen, um den Hunger zu stillen. Wir suchen Freunde und Freundinnen, um uns nicht einsam zu fühlen. Bedürfnisse sind unterschiedlich. Je älter wir werden, desto vielfältiger werden unsere Bedürfnisse.
Es gibt ↗ **Grundbedürfnisse** und ↗ **Wohlstands- und Luxusbedürfnisse** → **Abb. 1**.

1 Die Bedürfnispyramide

Ich würde gerne meinen Papa häufiger besuchen.

Ich wünsche mir schon lange eine Katze.

Eine Rollstuhlrampe an der Turnhalle wäre schön.

Ich möchte eine neue Skiausrüstung.

Ich wünsche mir Frieden in meiner Heimat.

Ich spare für eine neue Uhr.

2 Unterschiedliche Bedürfnisse in einer 5. Klasse

Grundbedürfnisse und Luxusbedürfnisse

Grundbedürfnisse sind lebensnotwendig. Wenn sie nicht befriedigt werden, leiden wir, zum Beispiel unter Kälte, Hunger, fehlenden Kontakten oder fehlender Wertschätzung.
Wohlstands- und Luxusbedürfnisse hingegen sind **nicht lebensnotwendig**. Können sie nicht erfüllt werden, können wir eine Alternative finden und trotzdem gut leben.

Merke

- Wenn ich ein Bedürfnis habe, möchte ich einen Mangel beseitigen.
- Die Erfüllung von Grundbedürfnissen ist lebensnotwendig.
- Die Erfüllung von Wohlstands- und Luxusbedürfnissen ist nicht lebensnotwendig, aber sie machen das Leben angenehmer.

Fachbegriffe:
- der Mangel
- das Bedürfnis

Aufgaben

Methoden: Bildbeschreibung S. 83, Internetrecherche S. 84, Tabelle anlegen S. 86

1 **a)** Zählt Wünsche auf, die ihr in der Klasse habt.
b) Notiere jeweils drei eigene Wünsche.

2 **a)** Beschreibt in eigenen Worten, was Grundbedürfnisse sind. Nennt Beispiele.
b) Beschreibt in eigenen Worten, was Wohlstands- und Luxusbedürfnisse sind. Nennt Beispiele. Nehmt **Abb. 1** zu Hilfe.

3 **a)** Vermute, ob es sich bei den Aussagen in **Abb. 2** um Grundbedürfnisse oder um Wohlstands- und Luxusbedürfnisse handelt.
b) Ordne passend in eine Tabelle (→ Methode).

Grundbedürfnisse	Wohlstands- und Luxusbedürfnisse

4 **a)** Ermittle, welche Bedürfnisse hinter deinen notierten Wünschen aus Aufgabe 1 stecken. Handelt es sich um Grundbedürfnisse oder um Wohlstands- und Luxusbedürfnisse?
b) Ordnet eure Bedürfnisse in die Tabelle aus Aufgabe 2 ein.

MK **5** **a)** Herr Neuer kauft seine Skiausrüstung in einem Secondhand-Laden. Recherchiere den Begriff Secondhand (→ Methode).
NE **b)** Wieso entscheidet sich Herr Neuer für ein gebrauchtes Produkt? Diskutiert in eurer Klasse. Denkt dabei an Kosten, Materialverbrauch und Abfall.

Wer hat welche Bedürfnisse?

Bedürfnisse in der Familie

So sieht Felix' Familie aus. Felix, seine Schwester, seine Eltern und Großeltern haben unterschiedliche ↗ Bedürfnisse. Aus diesen Bedürfnissen können konkrete Wünsche entstehen.

Felix' Mutter
- träumt davon, dass ihr jemand im Haushalt hilft.
- möchte zur Hochzeit ihrer besten Freundin nach Berlin fahren und dort im Hotel übernachten.
- fände es schön, wenn das Badezimmer renoviert würde.

Felix' Vater
- wünscht sich mehr Zeit für die Familie.
- hätte gerne ein neues Mountainbike.
- möchte mit der Familie Urlaub am Meer machen.
- wünscht sich einen Pool im Garten.

Felix
- möchte eine neue Winterjacke.
- braucht neue Fußballschuhe.
- wünscht sich ein Taschenmesser.
- sehnt sich nach einem Haustier und hätte am liebsten einen Hund.

Felix' Schwester
- braucht neue Saiten für ihre Gitarre.
- träumt von einem Freund.
- möchte im nächsten Sommer an einem Fußball-Camp teilnehmen.

Felix' Oma
- würde gerne in eine Wohnung im Erdgeschoss umziehen, damit sie nicht so viele Treppen steigen muss.
- träumt von einer Kreuzfahrt.
- braucht ein Telefon mit großen Tasten, das leicht zu bedienen ist.

Felix' Opa
- braucht ein neues Hörgerät.
- hätte gerne eine Hilfe für die Gartenarbeit, denn sein Rücken ist nicht mehr so belastbar.
- möchte ein neues Auto mit einem höheren Sitz, damit er besser ein- und aussteigen kann.

Bedürfnisse werden beeinflusst

Bedürfnisse sind unterschiedlich. Sie hängen vom Alter einer Person ab, aber auch die ↗ **Lebensumstände** spielen eine Rolle. Zu den Lebensumständen zählen alle Bedingungen, die das Leben eines Menschen beeinflussen.
Wenn du die Bedürfnisse einer Person untersuchen und verstehen willst, hilft es, Fragen zu den Lebensumständen zu stellen → **Abb. 1**.

Wie alt ist die Person? • Kind • erwachsen • Senior/Seniorin • …	**Wo lebt die Person?** • in der Stadt • auf dem Land • …	**Wie lebt die Person?** • Wohnung, Haus, WG, Gemeinschaftsunterkunft • nur mit einem Elternteil • umweltbewusst und nachhaltig • …	**Gehört die Person zu einer Gemeinschaft?** • Familie • Klasse • Kirchengemeinde • …
Was ist der Person wichtig? • Sprache • Freundschaften • Natur • Religion • Familie • …	**Wie gesund ist die Person?** • gesund • körperlich eingeschränkt • Allergien • …	**Wie sieht ihr beruflicher Alltag aus?** • körperliche Tätigkeit • geistige Tätigkeit • Verantwortung für andere • Schichtarbeit • …	**Welche Interessen und Fähigkeiten hat sie?** • Hobbys • sportlich • musikalisch • kreativ • …

1 Fragen zu den Lebensumständen eines Menschen

Merke

- Menschen haben unterschiedliche Bedürfnisse.
- Die Bedürfnisse einer Person hängen von den Lebensumständen ab.

Fachbegriffe:
- die Lebensumstände

Aufgaben

Methoden: Befragung durchführen S. 83, Tabelle anlegen S. 86, Wortkartenarbeit S. 87

1 Zählt Bedürfnisse von Familienmitgliedern auf. Vergleicht, ob es Gemeinsamkeiten und Unterschiede gibt.

2 Beurteile, um welche Art von Bedürfnis es sich bei den Aussagen von Felix' Familie handelt.
Ordne passend in eine Tabelle ein (→ Methode).

Familienmitglied	Grundbedürfnisse	Wohlstands- und Luxusbedürfnisse

3 **a)** Frage andere Kinder und Jugendliche, deine Eltern und Großeltern (oder andere ältere Menschen) nach ihren Bedürfnissen. Nutze hierzu die Fragen aus **Abb. 1** (→ Methode).
b) Notiere deine Ergebnisse einzeln auf Wortkarten (→ Methode). Schreibe das Alter der Personen und eventuell auch wichtige Lebensumstände dazu.

4 **a)** Sammelt eure Wortkarten in der Klasse und sortiert sie nach den vier Altersgruppen: Bedürfnisse von Kindern, Jugendlichen, Erwachsenen und alten Menschen.
b) Präsentiert die Karten an einer Pinnwand.

5 Was fällt euch auf, wenn ihr die Bedürfnisse der einzelnen Menschen sowie der einzelnen Altersgruppen miteinander vergleicht? Erklärt.

○1, 4 ◒2, 3 ●5

Kann man alles kaufen?

Bedürfnisse, die man durch einen Kauf befriedigen kann

In unserem Alltag stehen wir manchmal vor Situationen wie Samira. Wir wünschen uns ein bestimmtes ↗ **Produkt**, zum Beispiel ein neues Smartphone, ein Computerspiel oder ein T-Shirt von einer ganz bestimmten Marke. Oder wir möchten eine ↗ **Dienstleistung** nutzen, zum Beispiel zum Frisör oder ins Kino gehen.

Solche ↗ Bedürfnisse bezeichnet man als **materielle Bedürfnisse**. ↗ Materielle Bedürfnisse beziehen sich auf greifbare Dinge. Dazu gehören Grundbedürfnisse wie Nahrung, Kleidung, eine Wohnung und medizinische Versorgung. Materielle Bedürfnisse können aber auch Wohlstands- und Luxusbedürfnisse sein, zum Beispiel ein E-Bike oder eine Urlaubsreise.

Materielle Bedürfnisse kann man befriedigen, wenn man das entsprechende Produkt kauft oder eine Dienstleistung in Anspruch nimmt. Wenn wir etwas kaufen, um ein Bedürfnis zu befriedigen, so heißt dieser Vorgang ↗ **Konsum**.

1 Samira befriedigt ihr materielles Bedürfnis durch einen Kauf

Samira: Ich habe sofort ein Selfie mit dem Trikot gepostet. Aber niemand hat reagiert. Ich habe keine Likes bekommen.
Mutter: Du wolltest nicht nur das Trikot haben, sondern von deinen Freundinnen bewundert werden. Sei nicht traurig. Dinge zu besitzen, ist nicht alles.

2 Samira hat auch immaterielle Bedürfnisse.

Bedürfnisse, die man nicht durch einen Kauf befriedigen kann

Das Bedürfnis nach Bewunderung oder Anerkennung zum Beispiel kann nicht durch einen Kauf befriedigt werden. Nicht käufliche, nicht mit Geld bezahlbare Bedürfnisse heißen ↗ **immaterielle Bedürfnisse**.

Freundschaft   warme Jacke   Gesundheit   Smartphone
Musiktitel   Geburtstagsfeier   Glück   Eisbecher
gute Noten   Klassenreise   Besuch bei Oma   Urlaub

3 Materielle und immaterielle Bedürfnisse

Merke
- Materielle Bedürfnisse können wir durch den Konsum von Produkten oder Dienstleistungen befriedigen.
- Immaterielle Bedürfnisse wie Anerkennung lassen sich nicht durch Konsum befriedigen.

Fachbegriffe:
- der Konsum
- materiell
- immateriell

Aufgaben
Methoden: Tabelle anlegen S. 86, Wortkartenarbeit S. 86

1 **a)** Berichtet, ob ihr auch schon einmal ein bestimmtes Produkt unbedingt haben wolltet.
b) Vermutet, warum sich Samira das Trikot so sehr wünscht.

2 **a)** Beschreibt, wie Samira sich ihren Wunsch erfüllt → **Abb. 1**. Nennt weitere Ideen, wie sie sich ihren Wunsch erfüllen kann, und schreibt sie auf Wortkarten (→ Methode). Präsentiert die Wortkarten in der Klasse.
b) Diskutiert, ob es eine umweltschonende Möglichkeit gibt, um Samiras Wunsch zu erfüllen.

3 **a)** Ordne die Bedürfnisse in **Abb. 3** passend in eine Tabelle (→ Methode) ein. Begründe deine Einordnung.

Materielle Bedürfnisse	Immaterielle Bedürfnisse

b) Vergleicht und diskutiert eure Ergebnisse.

4 **a)** Zählt vier weitere Beispiele für immaterielle Bedürfnisse auf.
b) Entwickelt Ideen, wie man diese immateriellen Bedürfnisse befriedigen könnte.

5 Was wünschst du dir zurzeit? Schreibe einen Brief an deine Eltern, in welchem du ein Bedürfnis nennst und Vorschläge machst, wie es erfüllt werden könnte. Diese Aufgabe kann auch fächerübergreifend im Fach Deutsch bearbeitet werden.

6 „Dinge zu besitzen, ist nicht alles.“ Erörtert in der Klasse, was Samiras Mutter meint. Bezieht auch das folgende Sprichwort ein:
„Das Glück liegt nicht in den Dingen, sondern in den Menschen.“

Was ist Werbung?

Werbung macht aufmerksam

Werbung ist eine Möglichkeit, um **auf bestimmte ↗ Produkte oder ↗ Dienstleistungen hinzuweisen.** ↗ Werbung versucht, die Menschen dazu zu bringen, etwas zu kaufen oder zu nutzen. In vielen Situationen merkst du gar nicht, dass du durch Werbung **gezielt zum ↗ Konsum** aufgefordert wirst.

Werbung ist überall – sichtbar und versteckt

Es gibt verschiedene **Formen von Werbung**, die verwendet werden, um Produkte oder Dienstleistungen bekannt zu machen, zum Beispiel
- **Plakatwerbung** an Bushaltestellen oder Litfaßsäulen,
- **Bandenwerbung** im Sportstadion,
- **Printwerbung** in Zeitungen und Zeitschriften oder auf Werbeflyern,
- **Werbejingels** und **Werbespots** im Radio, Fernsehen und Kino.

Es gibt sogar Werbung in Filmen oder Videos, zum Beispiel wenn eine Figur ein bekanntes Produkt benutzt. Diese besondere Form von Werbung heißt **Produktplatzierung**.

1 Verschiedene Formen von Werbung

Werbung in digitalen Medien

Auch in **digitalen** ↗ **Medien** gibt es besondere Formen von Werbung, zum Beispiel
- **Werbebanner** auf Internetseiten,
- Werbung, die mit **E-Mails** verschickt wird oder die in **Suchmaschinen** bei den Suchergebnissen angezeigt wird,
- Werbung auf ↗ **Social-Media-Plattformen**, in kostenlosen **Apps** oder **Online-spielen**,
- Empfehlungen von ↗ **Influencern** für Produkte oder Dienstleistungen.

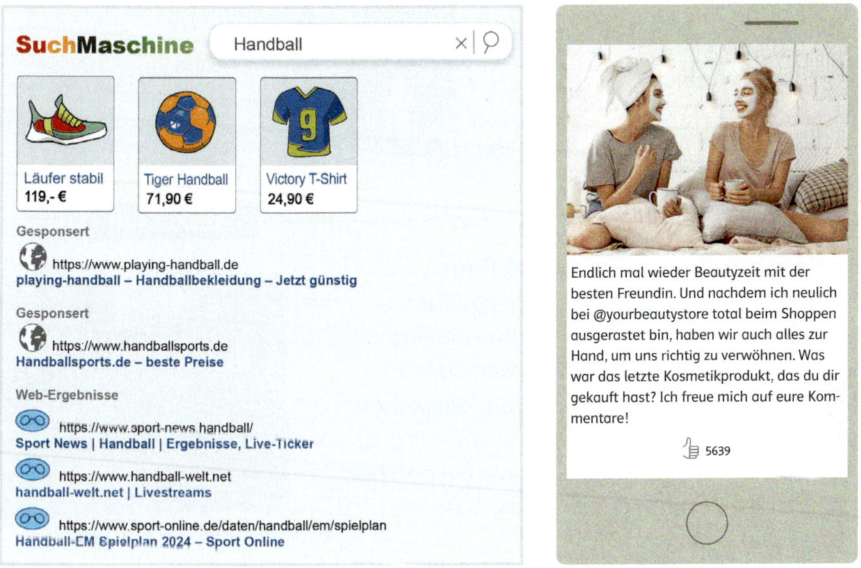

2 Werbung in digitalen Medien

Merke
- Werbung macht auf Produkte oder Dienstleistungen aufmerksam.
- Werbung regt zum Konsum an.
- Es gibt verschiedene Formen von Werbung, z. B. auf Plakaten, im Fernsehen, im Internet.

Fachbegriffe:
- die Werbung
- die Werbeform

Aufgaben

Methoden: Plakat gestalten S. 85

1 Zählt auf, wo euch in der letzten Woche überall Werbung begegnet ist. Tauscht euch aus.

2 Erklärt mit eigenen Worten, was Werbung ist und welchen Zweck diese verfolgt.

3 Berichte in der Klasse:
a) Welche der vorgestellten Formen von Werbung kanntest du bereits? → **Abb. 1, 2**
b) Was ist neu für dich?
c) Kennst du weitere Formen von Werbung, die hier nicht vorgestellt werden? Wenn ja, welche?
d) Diskutiert: Erkennt man Werbung immer, wenn man ihr im Alltag begegnet?

4 Arbeitet zu viert. Schreibt alle vorgestellten Formen von Werbung auf ein Plakat (→ Methode). Besprecht, wann und wo euch diese begegnet sind. Haltet euer Ergebnis ebenfalls auf dem Plakat fest. Markiert die Werbeform, die euch am häufigsten begegnet ist.

5 **a)** Mit welcher Form von Werbung erreicht man deiner Meinung nach Kinder und Jugendliche am besten? Begründe.
b) Welche Form von Werbung gefällt dir am besten? Begründe.

Wie funktioniert Werbung?

Starker Job

Mediengestalter/in Digital und Print
Ich arbeite in einer großen Werbeagentur. Wir haben verschiedene Kundinnen und Kunden, die ↗ Werbung für ihr Unternehmen oder ihr Produkt machen möchten. Im Team entwickeln wir diese Werbung und setzen sie um, zum Beispiel als Werbeanzeige oder Werbespot. Mir gefällt diese Zusammenarbeit und dass ich kreativ sein kann.

Warum wird Werbung gemacht?

Die Unternehmen möchten möglichst viele ihrer ↗ Produkte oder ↗ Dienstleistungen verkaufen und viel Geld verdienen. Dazu nutzen sie Werbung und ihre verschiedenen Funktionen → **Abb. 1**.

Werbung möchte **informieren**	Werbung möchte **bekannt machen**	Werbung möchte **beeinflussen**
Werbung informiert über ein Produkt, zum Beispiel über die technischen Details oder den Preis. Sie hebt besondere Stärken des Produkts hervor. **Beispiel:** Dieses Waschpulver ist besonders ↗ umweltfreundlich.	Ein großes Ziel der Werbung ist es, ein Produkt oder eine Dienstleistung bekannt und beliebt zu machen. Dazu wird das Produkt mit einer bestimmten Botschaft verbunden. **Beispiel:** Wer das gleiche Deo nutzt wie der Fußballstar, wirkt genauso sportlich.	Bestimmte Personen werden gezielt angesprochen, um bei ihnen Wünsche zu wecken. Häufig spricht die Werbung bestimmte ↗ Bedürfnisse dieser ↗ Zielgruppe an, wie das Bedürfnis nach Anerkennung. **Beispiel:** Das Kind, das dieses T-Shirt kauft, ist besonders beliebt.

1 Die Funktionen von Werbung

Schülerin: Wie schafft es die Werbung, meine Bedürfnisse anzusprechen und bei mir Wünsche zu wecken?
Mediengestalterin: In der Werbung werden verschiedene Strategien eingesetzt. Werbung will **positive Gefühle** mit dem Produkt oder der Dienstleistung verbinden.

2 Werbung setzt gezielt Strategien ein

Verschiedene Werbestrategien

In der Werbung werden gezielt **Strategien** eingesetzt, das heißt, es wird ein Plan verfolgt, um ein Produkt für die **Zielgruppe** interessant zu machen. Ein Produkt ist nämlich oft nur für bestimmte Personen interessant. Wenn du die ↗ Werbestrategien kennst, lässt du dich nicht so leicht beeinflussen.

Beispiele für Werbestrategien:
- Die Werbung enthält einen kurzen Spruch, den man sich leicht merken kann.
- Stars oder ↗ Influencer und Influencerinnen benutzen das Produkt.
- Die Werbung ist durch Farben und Schriften auffällig gestaltet.
- Die Werbung enthält ein Bild, das eine positive Botschaft vermittelt.
- Eine sachkundige Person empfiehlt das Produkt.
- Die Werbung ist witzig und löst gute Laune aus.
- In der Werbung wird ein beliebter Song angespielt.
- Die Werbung enthält eine einprägsame Melodie.

Merke
- Werbung informiert über Produkte oder Dienstleistungen und möchte sie bekannt machen.
- Werbung möchte beeinflussen, Wünsche wecken und die Zielgruppe zum Konsum anregen.
- Wenn ich weiß, wie Werbung funktioniert, lasse ich mich nicht so leicht beeinflussen.

Fachbegriffe:
- die Werbestrategie
- die Zielgruppe

Aufgaben

Methoden: Internetrecherche S. 84

1 Nennt die drei Funktionen von Werbung und findet jeweils ein Beispiel → **Abb. 1**. Tauscht euch aus.

2 Eure Lehrkraft stellt jeder Gruppe einen Werbespot zur Verfügung (aus Radio, TV oder Internet).
a) Untersucht, ob und auf welche Weise die drei Funktionen der Werbung darin vorkommen → **Abb. 1**.
b) Untersucht, wie in dieser Werbung Gefühle angesprochen werden → **Abb. 2**.
c) Beschreibt, auf welches Bedürfnis eingegangen wird.

3 Bringe eine Werbeanzeige aus einer Zeitschrift oder Zeitung mit. Markiere und beschreibe, welche Werbestrategien angewendet werden.

4 Im Jahr 2022 wurden in Deutschland insgesamt 48 Milliarden Euro für Werbung ausgegeben. Diskutiert, warum Unternehmen so viel Geld für Werbung ausgeben.

D9 MK **5** Im Zusammenhang mit Werbung wird oft vom AIDA-Prinzip gesprochen. Recherchiere und notiere, was dieses Prinzip bedeutet (→ Methode).

Beeinflusst Werbung auch mich?

Kinder und Jugendliche als Zielgruppe von Werbung

Kinder haben **Einfluss** darauf, was ihre **Eltern** kaufen. Sie bestimmen mit, welches Essen und welche Kleidung gekauft wird oder was in der Freizeit unternommen wird. Daher sind **Kinder und Jugendliche eine wichtige** ↗ **Zielgruppe** von ↗ Werbung.

Außerdem erhalten Kinder Taschengeld und Geldgeschenke oder führen kleine Nebenjobs aus. Aus Sicht der Wirtschaft verfügen Kinder und Jugendliche über viel Geld. Sie haben eine hohe ↗ **Kaufkraft**.

Kinder sind auch für die Werbung interessant, weil sie die Erwachsenen von morgen sind. Sie sollen sich **frühzeitig an bestimmte Marken binden**. Als Teenager oder Erwachsene bevorzugen sie oftmals die Marken oder ↗ Produkte, die sie schon lange kennen.

Werbestrategien, die sich an Kinder und Jugendliche richten

Unterhaltung

Werbung für Kinder will unterhalten. Dafür erfinden Werbefachleute lustige Figuren, die spannende oder unterhaltsame Geschichten erleben. In diesen Geschichten wird das beworbene Produkt versteckt. Es fällt schwer zu unterscheiden, was Unterhaltung und was Werbung ist.

Kluge Kinder und berühmte Personen

Kinder und Jugendliche werden in der Werbung klüger und besser informiert dargestellt als Erwachsene. Manchmal tritt auch eine berühmte jugendliche Person oder ein Star aus den sozialen Medien (↗ Social Media) oder aus der Sportwelt auf und bewirbt das Produkt.

Comicfiguren

In der ↗ Werbung für Kinder werden auch bekannte und beliebte Comicfiguren gezeigt. Sie benutzen das beworbene Produkt und lösen damit ein Alltagsproblem. Da die Kinder die Figur gut finden, wird auch das Produkt für sie interessant.
→ **Abb. 1**

1 Werbung mit Figuren

2 Quengelzone

Quengelzone

Im Supermarkt gibt es die sogenannte Quengelzone im Kassenbereich. Hier werden für Kinder besonders attraktive Waren angeboten, wie zum Beispiel Süßigkeiten. Da Eltern mit ihren Kindern an dieser Stelle oft warten müssen, fallen die Süßigkeiten ins Auge.

Merke

- Kinder und Jugendliche verfügen über eine hohe Kaufkraft.
- Sie sind daher eine wichtige Zielgruppe von Werbung.
- Es gibt bestimmte Strategien, um speziell Kinder und Jugendliche zu beeinflussen.

Fachbegriffe:
- die Kaufkraft

Aufgaben

Methoden: Internetrecherche S. 84, Plakat gestalten S. 85

1 **a)** Nennt Beispiele für Werbung, bei der Kinder die Zielgruppe sind.
b) Habt ihr schon einmal etwas gekauft, weil ihr die Werbung gut fandet? Tauscht euch aus.

2 Lies die folgenden Beispiele und erkläre, welche Werbestrategie jeweils zu erkennen ist.
a) In einer Werbung geht ein Schokoladenei spazieren und erlebt ein Abenteuer.
b) Die beliebte junge Fußballerin sagt in der Werbung, dass sie ein bestimmtes Müsli isst.
c) Auf einem Früchtemüsli ist ein bekanntes Einhorn abgebildet → **Abb. 1.**

3 Erkläre mit eigenen Worten, was der Begriff *Quengelzone* bedeutet → **Abb. 2.**

4 **a)** Diskutiert, ob es gut oder schlecht ist, sich von Werbung zu einem Kauf verlocken zu lassen.
b) Notiere zwei Punkte, die du in Zukunft im Umgang mit Werbung beachten möchtest.

D10

5 Die Politik möchte ein neues Gesetz erlassen: Für Lebensmittel, die viel Fett, Zucker oder Salz enthalten, soll Werbung verboten werden, die sich an Kinder richtet.

MK

a) Recherchiert Informationen zu diesem Gesetz (→ Methode). Notiert das Wichtigste.
b) Nehmt Stellung zu dem Verbot. Was ist eure Meinung: Findet ihr es gut, dass diese Werbung verboten wird oder nicht?

6 Du arbeitest in einem Unternehmen, das Erfrischungsgetränke herstellt. Dort wurde ein Getränk speziell für Kinder und Jugendliche entwickelt. Gestalte ein Werbeplakat dafür (→ Methode). Versuche, Werbestrategien zu berücksichtigen. Diese Aufgabe eignet sich auch für ein fächerübergreifendes Arbeiten mit dem Fach Kunst.

○1, 2 ◒3, 4a, 5 ●4b, 6

Was mache ich mit meinem Taschengeld?

Ich bekomme mein Taschengeld immer am Anfang des Monats. Davon kaufe ich mir gerne Zeitschriften oder Chips. Sparen finde ich schwer. Manchmal möchte ich bestimmte Sachen unbedingt haben.

Ich versuche, bis zum Ende des Monats nur die Hälfte auszugeben und den Rest zu sparen. Ich möchte nämlich bestimmte Sneaker haben. Meine Mutter meint, es ist wichtig, sinnvoll zu konsumieren.

Taschengeld sinnvoll ausgeben oder sparen

Uns allen steht jeden Monat oder jede Woche nur ein bestimmter Betrag zur Verfügung. Das ist zum Beispiel das Geld, das Erwachsene verdienen, oder das Taschengeld, das Kinder bekommen. Darüber können wir frei verfügen, aber wir können nicht alles kaufen, was wir gerne haben möchten. Deshalb ist es wichtig, **genau zu überlegen**, **wofür** wir unser **Geld ausgeben**.

Tipps für sinnvollen Konsum

No-Name-Produkte beachten
Überlege, ob du wirklich das bestimmte Markenprodukt brauchst. Halte Ausschau nach vergleichbaren No-Name-Produkten, also ↗ Produkten ohne Markennamen. Hinter vielen No-Name-Produkten steckt nämlich eine bekannte Marke, die das gleiche Produkt in einer anderen Verpackung anbietet. Die No-Name-Produkte sind günstiger als die bekannten Marken aus der ↗ Werbung.
Beispiel: Nudeln

Produkttests einbeziehen
Produkttests können helfen, die richtige Kaufentscheidung zu treffen. Für viele Produkte gibt es Produkttests im Internet. Solche Tests untersuchen ein bestimmtes Produkt von verschiedenen Herstellern, vergleichen die Angebote und bewerten mit Noten.
Beispiel: Müsli

Bückwaren einkaufen
Es lohnt sich, die Bückwaren zu beachten. In den Supermärkten werden Waren mit günstigen Preisen oft in die unteren Regale gestellt. Man nennt diese Angebote Bückware. Die Menschen bücken sich nicht gerne und greifen lieber zu den Produkten in Augenhöhe.
Beispiel: Saft → Abb. 1

1 Bückware im Supermarkt

2 Sinnvoll konsumieren im Supermarkt

3 Weitere Tipps, um sinnvoll zu konsumieren

Merke

- Taschengeld ist Geld, das Kinder regelmäßig von ihren Eltern bekommen.
- Sinnvoll konsumieren bedeutet, dass ich genau überlege, wofür ich mein Geld ausgebe.
- Ich habe viele Möglichkeiten, sinnvoll zu konsumieren, zum Beispiel indem ich Produkttests beachte.

Fachbegriffe:
- das Taschengeld
- sinnvoll konsumieren

Aufgaben

Methoden: Bildbeschreibung S. 83, Internetrecherche S. 84

1 Felix und Samira finden, dass Sparen schwer ist. Warum ist das so? Hast du Tipps, wie man Geld sparen kann? Tauscht euch aus.

2 a) Erkläre mit eigenen Worten, was die Begriffe *No-Name-Produkt*, *Produkttest* und *Bückware* bedeuten → **Abb. 2**.
b) Erläutere mithilfe der Begriffe die drei Tipps für sinnvollen Konsum in **Abb. 2**. Finde weitere Beispiele zu den Tipps.

3 a) Beschreibe, was die vier Personen in **Abb. 3** tun (→ Methode).
b) Welche weiteren vier Tipps für sinnvolles Konsumieren könnten in den vier Bildern versteckt sein? Notiere in Stichworten.

4 Du kennst jetzt Tipps, wie du sinnvoll konsumieren kannst. Erstelle eine schön gestaltete Liste mit fünf Tipps, die du besonders wichtig findest.

5 Bildet vier Gruppen. Jede Gruppe untersucht eine Produktgruppe: Schokoriegel – Toastbrot – Butterkekse – Sahne-Fruchtjoghurt (→ Methode). Vergleicht die Preise von Markenprodukten und No-Name-Produkten.

D11 MK

6 a) Das bekannteste Warentest-Institut in Deutschland ist „Stiftung Warentest“. Informiere dich auf der Homepage (→ Methode). Welche Produkte und Dienstleistungen werden getestet und was kosten die Tests im Durchschnitt?
b) Warum kosten die Tests von Stiftung Warentest Geld? Auf der Homepage der Stiftung findest du unter dem Link „Über uns“ wichtige Hinweise.
c) Viele Testportale verlangen kein Geld für ihre Tests. Warum solltest du bei solchen Tests vorsichtig sein?

○1, 2 ◒3a ●3b, 4, 5

Wie kann ich nachhaltig konsumieren?

Nachhaltigkeit

Felix und Samira fragen Samiras große Schwester Yasemin, was ↗ Nachhaltigkeit bedeutet. Yasemin hilft einmal in der Woche im Weltladen am Ort mit. Dort werden fair gehandelte ↗ Produkte wie Kaffee oder Schokolade verkauft.

Nachhaltig handeln heißt,
- nur so viel zu verbrauchen, wie auch wieder nachwachsen kann.
- sich darum zu kümmern, dass alle Lebewesen auch in Zukunft gut auf der Erde leben können.
- nichts zu verschwenden.
- die Erde, das Wasser und die Luft nicht zu verschmutzen.

Nachhaltig konsumieren bedeutet, genau zu überlegen, welche Produkte man kauft und welche ↗ Dienstleistungen man nutzt. Wichtige Kriterien bei der Entscheidung sind, ob **Umweltaspekte** berücksichtigt wurden, wie zum Beispiel, ob möglichst wenig Verpackungsmaterial verwendet wurde. Auch **soziale Aspekte** wie faire Löhne und gute Arbeitsbedingungen sind wichtig, wenn man verantwortungsbewusst konsumieren möchte. Im Hinblick auf Nachhaltigkeit spielt eine Rolle, wo und wie man konsumiert. Vielleicht ist manchmal auch kein Kauf notwendig, sondern es reicht, etwas auszuleihen.

1 Nachhaltigkeit

Tipps für nachhaltigen Konsum

Secondhand kaufen
Viele Dinge wie Kleidung oder Spielzeug kannst du günstig gebraucht kaufen. Oder du verkaufst selbst Sachen, die du nicht mehr brauchst.
Beispiel: Flohmarkt

Umweltzeichen beachten
Umweltzeichen und Siegel kennzeichnen ↗ umweltfreundliche Produkte oder Dienstleistungen. Es gibt viele verschiedene Umweltzeichen auf Verpackungen. Ein bekanntes ist zum Beispiel der „Blaue Engel“. **Beispiel: Wandfarbe oder Klopapier**

Regional und saisonal einkaufen
Prüfe, ob du Produkte bei dir am Ort (↗ regional) erwerben kannst. Obst und Gemüse kaufst du am besten dann, wenn es bei uns geerntet wird (↗ saisonal). Weite Transportwege schaden der Umwelt. **Beispiel: Hofladen**

Auf Verpackung verzichten
Nimm zum Einkauf Stofftaschen mit. Achte beim Kauf darauf, Produkte mit wenig Verpackung auszuwählen. In vielen Orten gibt es auch Unverpackt-Läden. Dort bringst du Behältnisse von zu Hause mit. **Beispiel: Brotdose → Abb. 3**

Leihen oder tauschen
Du musst nicht alles neu kaufen. Dinge, die du selten brauchst, kannst du bei Bekannten ausleihen. Immer mehr Menschen kaufen kein Auto, sondern leihen es aus, wenn sie es brauchen. Du könntest auch Sachen, die du nicht mehr benötigst, mit anderen tauschen. **Beispiel: Öffentliches Bücherregal → Abb. 4**

2 Wie kann ich nachhaltig konsumieren?

3 Brotdose

4 Öffentliches Bücherregal

Merke
- Es ist wichtig, nachhaltig zu handeln.
- Ich habe viele Möglichkeiten, nachhaltig zu konsumieren, wie zum Beispiel Secondhand-Ware kaufen.

Fachbegriffe:
- nachhaltig konsumieren

Aufgaben

Methoden: Internetrecherche S. 84, Plakat gestalten S. 85, Wortkartenarbeit S. 86 **Projekt:** Upcycling S. 10

1 Wo ist dir das Thema Nachhaltigkeit schon begegnet? **Abb. 1** gibt dir wichtige Hinweise. Schreibe deine Ideen auf. Tauscht euch aus.

2 Stelle mit einer Zeichnung oder Computergrafik dar, was Nachhaltigkeit bedeutet. Tauscht euch über eure Zeichnungen aus.

E **3** a) Beurteilt die Tipps für nachhaltigen Konsum → **Abb. 2**. Sammelt weitere Tipps und Beispiele.
b) Notiere drei Tipps, die du umsetzen könntest.
c) Notiere einen Tipp, den du nicht umsetzen möchtest. Begründe deine Entscheidung.

4 Recherchiert vier Umweltzeichen (→ Methode). Stellt die Zeichen in der Klasse vor.

D12 NE **5** a) Überlegt vier Beispiele für nachhaltiges Handeln. Denkt dabei zum Beispiel an Heizung, Beleuchtung oder Fahrwege. Notiert eure Beispiele in Stichworten auf Wortkarten (→ Methode).
b) Gestaltet mit euren Wortkarten und der Zeichnung aus Aufgabe 2 ein Plakat (→ Methode).

Umfrage zum Thema Wünsche

Szenario:
Euch interessieren die **Wünsche** eurer Mitschülerinnen und Mitschüler. Deshalb führt ihr in den Klassen 5 und 6 eine **Umfrage** durch.

1. Starten

Startet mit dem Szenario. Dort erfahrt ihr, was zu tun ist.

- ✓ Besprecht gemeinsam den Inhalt des Szenarios.
- ✓ Notiert euch wichtige Stichworte zu eurem Auftrag.

2. Planen

Plant euer Vorgehen.

- ✓ Die Umfrage soll materielle und immaterielle Wünsche erfassen. → S. 34/35
- ✓ Überlegt, wie ein geeigneter Fragebogen zum Ankreuzen aussehen muss.
- ✓ Organisiert den Ablauf der Umfrage in den Klassen. Bildet Kleingruppen.
- ✓ Entscheidet, wie ihr bei der Auswertung der Fragebögen vorgehen werdet.
- ✓ Findet eine geeignete Form, um das Ergebnis der Abfrage darzustellen.
- ✓ Legt fest, auf welche Weise ihr eure Arbeit bei der Projektdurchführung dokumentieren werdet.

3. Durchführen und dokumentieren

Führt euer Vorhaben durch und dokumentiert es.

- ✓ Sammelt in der Klasse materielle und immaterielle Wünsche.
- ✓ Erstellt einen Fragebogen aus den gefundenen Wünschen.
- ✓ Führt die Umfrage durch.
- ✓ Wertet eure Umfrage aus.
- ✓ Stellt die Auswertung dar. Dabei hilft euch euer Wissen aus dem Fach Mathematik im Lernbereich Daten.
- ✓ Dokumentiert die Projektdurchführung.

4. Präsentieren

Präsentiert eure Arbeitsergebnisse.

- ✓ Macht die Auswertung in der Schule bekannt. Überlegt eine passende Form.

5. Reflektieren

Schaut auf eure Arbeit zurück. Reflektiert den gesamten Ablauf.

- ✓ Gut funktioniert hat …
- ✓ Probleme gab es bei …
- ✓ Das werde ich in Zukunft anders machen …

Diese Fachbegriffe kenne ich jetzt:

Wirtschaft

Bedürfnisse
- der Mangel
- das Bedürfnis
- die Lebensumstände
- der Konsum
- materiell
- immateriell

Werbung
- die Werbeform
- die Werbestrategie
- die Zielgruppe
- die Kaufkraft

Konsum und Nachhaltigkeit
- das Taschengeld
- sinnvoll konsumieren
- nachhaltig konsumieren

Das weiß ich jetzt:

Bedürfnisse

Menschen haben unterschiedliche Bedürfnisse. Wenn ich ein Bedürfnis habe, möchte ich einen Mangel beseitigen. Bedürfnisse hängen von den Lebensumständen ab.

Es gibt lebensnotwendige Grundbedürfnisse und darüber hinaus Wohlstands- und Luxusbedürfnisse.

Manche Bedürfnisse sind materiell und ich kann sie durch den Konsum eines Produktes befriedigen. Andere Bedürfnisse sind immateriell wie Anerkennung und lassen sich nicht durch Konsum befriedigen.

Werbung

Werbung macht mich auf Produkte aufmerksam und regt zum Konsum an.

Es gibt verschiedene Formen von Werbung, zum Beispiel auf Plakaten oder im Internet.

Kinder und Jugendliche verfügen über eine hohe Kaufkraft und sind daher eine wichtige Zielgruppe der Werbung.

Es gibt bestimmte Werbestrategien, die speziell Kinder beeinflussen sollen. Wenn ich weiß, wie Werbung funktioniert, lasse ich mich nicht so leicht zum Kaufen verführen.

Konsum und Nachhaltigkeit

Um etwas zu kaufen, brauche ich Geld. Über mein Taschengeld kann ich frei verfügen. Ich sollte aber genau überlegen, wofür ich mein Geld ausgeben möchte, und sinnvoll konsumieren.

Es ist wichtig, nachhaltig zu handeln. Dazu gehört vor allem, nachhaltig zu konsumieren. Ich habe viele Möglichkeiten, nachhaltig zu konsumieren, zum Beispiel indem ich Secondhand-Ware kaufe.

Was brauche ich (wirklich)? S. 30/31

1 a) Erkläre schriftlich, was ein „Bedürfnis“ ist.
b) In der Bedürfnispyramide findet man unten die Grundbedürfnisse, das sind die wichtigsten Dinge, die ein Mensch zum Leben braucht. Oben findet man die Wohlstands- und Luxusbedürfnisse.

Zeichne die Pyramide. Ordne folgende Bedürfnisse ein: Sieg beim Sportfest – ein Bett – Winterschuhe – ein Freund in der Klasse – Eltern haben Arbeit.

Wer hat welche Bedürfnisse? S. 32/33

2 Was versteht man unter den „Lebensumständen“ eines Menschen?
Erkläre und nenne Beispiele.

Kann man alles kaufen? S. 34/35

3 Materiell oder immateriell?
a) Ordne die Begriffe passend zu:
beste Freundin – Smartwatch – Ohrstecker – große Liebe – Fantasie – Eiscreme.
b) An welchem Kriterium hast du dich bei deiner Zuordnung orientiert? Erkläre.

Was ist Werbung? S. 36/37

4 Du kennst verschiedene Formen von Werbung. Gehe in Gedanken den gestrigen Tag durch. Notiere, welchen Formen du wo begegnet bist, z.B. Plakatwerbung an der Bushaltestelle.

Wie funktioniert Werbung? S. 38/39

5 Nenne die drei Funktionen von Werbung. Erstelle eine dreispaltige Tabelle, schreibe die drei Funktionen in die obere Zeile und ordne die Beispiele a)–c) ein.
a) In der Werbung wird erklärt, dass der neue Haarfohn der Marke Trocki sehr wenig Strom verbraucht und zudem die Haare besonders schonend trocknet.
b) Für einen neuen Schokoladenriegel wird im Radio, im Fernsehen und auf Plakaten geworben.
c) Auf dem Werbeplakat ist eine Gruppe fröhlicher junger Menschen abgebildet, die im Sommer ein Erfrischungsgetränk aus einer Kühltasche nehmen.

Beeinflusst Werbung auch mich? S. 40/41

6 Notiere die zwei richtigen Aussagen.
- Kinder sind eine wichtige Zielgruppe für die Werbung, weil sie über eigenes Geld verfügen.
- Im Supermarkt gibt es spezielle Bückware für Jugendliche.
- Kinder sind für die Werbung interessant, weil sie mitbestimmen, was ihre Eltern kaufen.

Was mache ich mit meinem Taschengeld? S. 42/43

7 Notiere die vier Sätze im Heft und setze passende Begriffe ein: No-Name-Produkte – Bückware – Produkttests – Werbung
1. Bevor du Geld für eine größere Sache ausgibst, kannst du mithilfe von ? verschiedene Artikel vergleichen.
2. Achte darauf, dich nicht durch ? zu einem Kauf verführen zu lassen.
3. In Supermärkten kaufst du günstiger ein, wenn du in Regalen auf die ? achtest.
4. Viele Markenprodukte gibt es auch als günstigere ?.

Wie kann ich nachhaltig konsumieren? S. 44/45

8 Erstelle eine Liste mit mindestens fünf Tipps für sinnvollen und nachhaltigen Konsum.

3 Recht

Was denkst du?

Gibt es Gesetze speziell für Kinder und Jugendliche?

Dürfen Kinder und Jugendliche arbeiten?

Ist Lernen auch Arbeit?

Gibt es Gesetze für Kinder und Jugendliche?

Die wichtigsten Gesetze für Kinder und Jugendliche in Deutschland

Das ↗ **Grundgesetz** gilt in Deutschland immer und ohne Ausnahme. Es ist die Grundordnung. Man sagt auch Verfassung dazu. In diesem Gesetzbuch stehen die wichtigsten Grundsätze und Regeln für alle Menschen in Deutschland. Diese Regeln sind nach Artikeln geordnet.

Beispiele:
- Alle Menschen sind vor dem Gesetz gleich. (Artikel 3)
- Ehe und Familie stehen unter dem Schutz des Staates. (Artikel 6)
- Pflege und Erziehung der Kinder sind das natürliche Recht der Eltern und ihre Pflicht. (Artikel 6)

Das **Bürgerliche Gesetzbuch** regelt die Rechte und Pflichten zwischen allen Bürgerinnen und Bürgern (Privatpersonen). Es besteht aus fünf einzelnen Büchern, in denen es unter anderem um Sachenrecht und Familienrecht geht wie Regelungen zu Verträgen, Schulden, Eigentum, Ehe, Familie und Erbrecht.

Beispiele:
- Klärung von Streitigkeiten rund um Grundstücke zwischen Nachbarn (Sachenrecht)
- Regelungen, wer sich bei Trennung der Eltern um die Kinder kümmert oder für sie bezahlt (elterliche Sorgepflicht, Unterhaltsanspruch)

Das Achte Buch des **Sozialgesetzbuches** (SGB VIII) enthält Gesetze zum Schutz und zur Unterstützung von Kindern und Jugendlichen sowie deren Familien. Dieses Buch wird deshalb auch **Kinder- und Jugendhilfegesetz** (KJHG) genannt.

Beispiele:
- Angebote zur Betreuung und Bildung von Kindern und Jugendlichen
- Angebote zur Förderung von Freizeitgestaltung
- Aufgaben eines Jugendamtes

In Deutschland gibt es ein **Jugendschutzgesetz**. Hier geht es ausdrücklich um den Schutz von Kindern und Jugendlichen in der Öffentlichkeit und im Bereich der ↗ Medien.

Beispiele:
- Regeln, ab wann man Veranstaltungen (allein) besuchen darf
- Regeln rund um Internet, Fernsehen und Filme
- Verkaufsregeln, wie kein Verkauf von Zigaretten an Jugendliche

Die **Kinderarbeitsschutzverordnung** regelt, dass Kinder bis einschließlich 12 Jahren nicht arbeiten dürfen. Kinder ab 13 Jahren dürfen mit Zustimmung der Eltern leichte Arbeiten ausführen, aber nur zu bestimmten Uhrzeiten.

Beispiele für leichte Arbeiten:
- Babysitting
- Hunde Gassi führen

Das **Jugendarbeitsschutzgesetz** schützt Jugendliche zwischen 15 und 18 Jahren vor Überbelastung und Gefahren bei der Arbeit. Das Gesetz verbietet deshalb Arbeit, die zu früh beginnt, zu lange dauert, zu schwer, gefährlich oder gesundheitsschädlich ist.

Beispiele für Regeln und Verbote:
- vorgeschriebene regelmäßige Ruhepausen
- Arbeitsverbot für Jugendliche an Samstagen und Sonntagen

Merke
- Das Grundgesetz und das Bürgerliche Gesetzbuch sind wichtig für alle Menschen in Deutschland.
- Das Kinder- und Jugendhilfegesetz sowie das Jugendschutzgesetz sind wichtige Gesetze für Kinder und Jugendliche.

Fachbegriffe:
- das Gesetz
- das Gesetzbuch

Aufgaben

Methoden: Internetrecherche S. 84, Tabelle anlegen S. 86

1 Berichtet, von welchen Gesetzen ihr schon einmal gehört habt.

2 Lest euch die Erklärungen zu den Gesetzbüchern durch. Erklärt euch unbekannte Begriffe gegenseitig oder mithilfe eines (Online-)Wörterbuches.

13 **3** Erstelle eine dreispaltige Tabelle mit den wichtigsten Gesetzen für Kinder und Jugendliche in Deutschland (→ Methode).

Name des Gesetzes	Abkürzung	Themen

MK **4** Recherchiere im Internet nach weiteren Themen, die in den Gesetzen vorkommen (→ Methode). Trage die Themen in die rechte Spalte deiner Tabelle ein.

Dürfen Kinder und Jugendliche arbeiten?

Arbeiten, die für Kinder und Jugendliche in Deutschland erlaubt sind

Du findest alle Regelungen und zulässigen Beschäftigungen zur Arbeit von Kindern und Jugendlichen in der **Kinderarbeitsschutzverordnung** und im **Jugendarbeitsschutzgesetz**. Wenn etwas erlaubt ist, sagt man in der Fachsprache es ist „zulässig".

§2 Zulässige Beschäftigungen in der Kinderarbeitsschutzverordnung

Kinder **über 13 Jahren und** ↗ **vollzeitschulpflichtige Jugendliche** dürfen nur folgende Arbeiten ausführen (→ **Abb. 1**):

1. Austragen von Zeitungen, Zeitschriften, Anzeigenblättern und Werbeprospekten.
2. Arbeiten in privaten und landwirtschaftlichen Haushalten, dazu gehören Tätigkeiten im Haushalt und Garten, Botengänge, Betreuung von Kindern, Nachhilfeunterricht, Betreuung von Haustieren, Einkaufstätigkeiten (keinen Alkohol oder Tabak).
3. Arbeiten in landwirtschaftlichen Betrieben (wie Bauernhöfen): Ernte und Feldbestellung, Verkauf und Vermarktung von ↗ Produkten der Landwirtschaft, Versorgung der Tiere.
4. Handreichungen beim Sport, zum Beispiel als Balljunge oder Ballmädchen beim Fußball.
5. Tätigkeiten bei nichtgewerblichen Aktionen und Veranstaltungen von Religionsgemeinschaften, Vereinen und Parteien, zum Beispiel bei Festen aushelfen.

1 Beispiele für erlaubte Arbeiten für Kinder über 13 Jahren und Jugendliche

§6 Regelungen im Jugendarbeitsschutzgesetz

1. Kinder **über 3 bis 6 Jahren** dürfen bis zu **2 Stunden** täglich von **8 bis 17 Uhr** arbeiten bei
   - Musikaufführungen,
   - Werbeveranstaltungen,
   - Aufnahmen im Rundfunk (Radio)m
   - Film- und Fotoaufnahmen (TV/Internet).
2. Kinder **über 6 Jahren** dürfen bis zu **3 Stunden** täglich in der Zeit von **8 bis 22 Uhr** an einer Probe oder Aufführung teilnehmen.

2 Beispiel für erlaubte Arbeiten für Kinder

Wichtige weitere Bestimmungen:
- Die Eltern, die Schule und/oder das Jugendamt müssen zustimmen.
- Die Kinder müssen immer betreut und beaufsichtigt werden.
- Nach der Arbeit müssen 14 Stunden Freizeit folgen.
- Die Kinder müssen immer sicher sein.
- Manchmal muss ein Arzt bestätigen, dass die Arbeit für Kinder nicht gefährlich ist.

Warum gibt es diese Gesetze?

Das Jugendarbeitsschutzgesetz und die Kinderarbeitsschutzverordnung dienen dem Schutz von Kindern und Jugendlichen. Sie schützen vor Arbeit, die zu früh beginnt, zu lange dauert, zu schwer oder gefährlich oder ungeeignet ist. So können Kinder und Jugendliche gesund aufwachsen.

Merke
- In der Kinderarbeitsschutzverordnung und im Jugendarbeitsschutzgesetz ist genau festgelegt, welche Arbeiten Kinder und Jugendliche übernehmen dürfen.
- In den beiden Gesetzen steht, wann und wie lange Kinder und Jugendliche arbeiten dürfen und welche wichtigen Bestimmungen sonst noch gelten.

Fachbegriffe:
- die zulässige Beschäftigung
- die Verordnung

Aufgaben

Methoden: Tabelle anlegen S. 86

1 Kennt ihr eine ähnliche Situation, wie Samira sie beschreibt? Kennt ihr Kinder oder Jugendliche, die in ihrer Freizeit nebenbei arbeiten? Berichtet.

2 **a)** Lest die Regelungen aus der Kinderarbeitsschutzverordnung und dem Jugendarbeitsschutzgesetz genau. Erklärt euch unbekannte Wörter gegenseitig mithilfe eines (Online-)Wörterbuches.
b) Beschreibt die zulässigen Beschäftigungen.

3 Erstelle eine Tabelle zum Jugendarbeitsschutzgesetz, in die du die Altersstufen, Zeiten und Arbeiten einträgst (→ Methode).

14

Alter	Anzahl der Stunden	Uhrzeit	Arbeiten

4 Entscheidet, ob folgende Arbeiten erlaubt sind. Begründet eure Antwort.
a) Samira ist 11 Jahre alt. Darf sie den Hund der Nachbarn Gassi führen, um Geld zu verdienen?
b) Samiras kleiner Bruder ist 5 Jahre alt. Er hat um 19 Uhr einen Auftritt mit seinem Chor. Darf er mitsingen?

5 Warum ist es wichtig, dass die Eltern, die Schule oder das Jugendamt einer Arbeit von Kindern und Jugendlichen zustimmen müssen? Begründe.

○1 ◒2, 3, 4 ●5

Welche Arbeiten sind erlaubt?

Antworten | Speichern ▾ | Löschen | Anhängen ▾

Von: Anwaltsbuero_AylinYaren@anbieter.de

An: samira@mailkids.de

Betreff: Re: Darf Felix' Freund in der Autowerkstatt arbeiten?

Liebe Samira,

danke für deine nette E-Mail.

Die Antwort auf deine Frage steht in der **Kinderarbeitsschutzverordnung**.

Kinder über 13 Jahre dürfen folgende Arbeiten **nicht** ausführen:
- schwere Arbeiten, die zu anstrengend sind
- Arbeiten mit ungesunder Körperhaltung, zum Beispiel geduckt
- Arbeiten mit hoher Unfallgefahr, zum Beispiel an gefährlichen Maschinen
- Arbeiten, bei denen Kinder die Gefahr noch nicht richtig einschätzen können, zum Beispiel die Betreuung von gefährlichen Tieren

Melde dich gerne, wenn du noch weitere Fragen hast.

Liebe Grüße
Tante Aylin

1 Regeln der Kinderarbeitsschutzverordnung

Liebe Samira,

gerne beantworte ich deine Frage.

Gesetze wie die Kinderarbeitsschutzverordnung schützen Kinder und Jugendliche ausdrücklich vor schweren Arbeiten.
Kinder sind noch nicht so belastbar wie Erwachsene. Ihre Körper wachsen noch und sind noch nicht so stark. Kinder brauchen deshalb besonderen **Schutz**, **um gesund aufzuwachsen**.

Außerdem sollen sich Kinder und Jugendliche hauptsächlich **auf die Schule konzentrieren** und Zeit für Hausaufgaben und zum Lernen haben. Nach dem Unterricht soll es auch genügend **freie Zeit zum Entspannen** und für Hobbys geben. Das ist für Kinder besonders wichtig.

Liebe Grüße
Tante Aylin

2 Gründe für die Kinderarbeitsschutzverordnung

Merke

- Kinder und Jugendliche werden durch Gesetze geschützt.
- Auch Kinder über 13 Jahre dürfen keine gefährlichen oder körperlich schweren Arbeiten verrichten.
- Alle Kinder sollen gesund aufwachsen und Zeit zum Lernen und Entspannen haben.

Fachbegriffe:
- der Kinderarbeitsschutz

Aufgaben

Methoden: Mindmap erstellen S. 85, Tabelle anlegen S. 86

1 Kennt ihr Jugendliche in eurem Umfeld, die neben der Schule einen Job haben? Berichtet.

15 **2** **a)** Notiert in einer Tabelle Arbeiten, die Kindern über 13 Jahre nicht erlaubt sind (→ Methode). Ergänzt in der zweiten Spalte Gründe für das Verbot → **Abb. 1**.

Nicht erlaubte Arbeiten	Gründe für das Verbot

b) Erkläre, warum der Freund von Felix die Arbeit in der Werkstatt nicht ausführen darf.

3 Erstelle eine Mindmap (→ Methode).
a) Notiere Gründe, warum Kinder/Jugendliche vor bestimmten Arbeiten geschützt werden → **Abb. 2**.
b) Ergänze weitere Gründe, die dir einfallen.

4 Diskutiert, welche Folgen es für Kinder und Jugendliche haben kann, wenn sie unerlaubte Arbeiten ausführen.

5 Diskutiert, warum Gesetze notwendig sind, um die Arbeit von Kindern und Jugendlichen zu regeln.

Ist Lernen auch Arbeit?

Merkmale und Eigenschaften von Arbeit

Erinnere dich: Es gibt ↗ Arbeitsplatzmerkmale und ↗ Arbeitseigenschaften. Felix befragt seine Mutter zu ihrer Arbeit als Floristin. Die Ergebnisse hält er in zwei Tabellen fest. Anschließend prüft Felix, ob die Arbeitsplatzmerkmale und Arbeitseigenschaften auch auf das Lernen zutreffen.

Arbeitsplatzmerkmale Florist/Floristin **Arbeitszeit: 07:30 – 12:30 Uhr**				
Arbeitsaufgabe	**Arbeitsdauer**	**Arbeitsmittel**	**Arbeitsort**	**Arbeitsbedingungen**
Blumen anrichten	30 min	Blumen, Schaufenster, Dekorationsartikel	Blumenladen, Schaufenster	ruhig, konzentriert, anstrengend, stehend
Blumen aussortieren und ersetzen	45 min	Mülleimer, alte Blumen, neue Blumen	Blumenladen	ruhig, konzentriert, stehend
Warenanlieferung	30 min	Kisten	Lager	anstrengend, stehend
Kundenberatung und Verkauf	75 min	Blumen, Gestecke, Töpfe, Schere, Zange, Geld	Blumenladen	laut, konzentriert, anstrengend, stressig, stehend
Pause	30 min			
Kundenberatung und Verkauf	60 min	Blumen, Gestecke, Töpfe, Schere, Zange, Geld	Blumenladen	laut, konzentriert, anstrengend, stressig, stehend
Gießen	20 min	Blumen, Wasser, Gießkanne	Blumenladen	ruhig, konzentriert, stehend
Vormittagseinnahmen berechnen	10 min	Geld, Computer	Blumenladen, Büro	ruhig, konzentriert, sitzend

1 Welche Merkmale hat der Arbeitsplatz einer Floristin?

Arbeitseigenschaften Florist/Floristin	
planvoll	Blumen planvoll schneiden, binden, pflegen …
zielgerichtet	Ziele: gesunde Blumen, einfallsreiche Blumensträuße, zufriedene Kunden, viele Verkäufe
anstrengend	körperliche und geistige Arbeit (Konzentration)
bewusst	Arbeitsschritte kennen
an verschiedenen Orten	Blumenladen, Büro, Lager

2 Welche Eigenschaften hat die Arbeit einer Floristin?

Wenn ich zu dem Schluss komme, dass beim Lernen alle Arbeitsplatzmerkmale und alle Arbeitseigenschaften erfüllt sind, dann ist es bewiesen: Lernen ist Arbeit.

Starker Job

Florist/Floristin
Ich arbeite in einem Blumenladen als Florist. Hier binde ich unter anderem Sträuße. Ich arbeite nach meinen Ideen oder Wünschen der Kundschaft. Ich dekoriere das Schaufenster und den Verkaufsraum und versorge die Pflanzen. Jeden Tag prüfe ich, welche neuen Waren ich einkaufen muss. Ich berechne die Preise und bediene die Kasse.

Merke
- Es gibt Arbeitsplatzmerkmale und Arbeitseigenschaften.
- Lernen erfüllt alle Arbeitsplatzmerkmale und alle Eigenschaften von Arbeit.

Fachbegriffe:
- die Arbeitsplatzmerkmale
- die Arbeitseigenschaften

Aufgaben

Methoden: Tabelle anlegen S. 86

1 Findet ihr die Arbeit in der Schule auch anstrengend? Wann besonders? Berichtet.

2 **a)** Wiederholt die Arbeitsplatzmerkmale und Eigenschaften von Arbeit. → **S. 14/15, 20/21**
b) Nennt Beispiele für Arbeitsplatzmerkmale → **Abb. 1** und Arbeitseigenschaften → **Abb. 2** einer Floristin.

3 Denke an deinen gestrigen Schultag. Erstelle eine Tabelle und trage alle Arbeitsplatzmerkmale des Lernens ein (→ Methode).

D17 **4** Denke über das Lernen in der Schule nach. Erstelle dazu ebenfalls eine Tabelle und trage alle Arbeitseigenschaften ein (→ Methode).

5 Vergleicht eure beiden Tabellen mit den Tabellen zum Beruf Florist/Floristin → **Abb. 1, 2**. Erläutert in einem kurzen Text, ob Lernen Arbeit ist.

Wie ging es den Kindern früher?

Arbeitsberichte von Kindern und Jugendlichen aus vergangenen Jahrhunderten

1 Ein Junge im Bergbau, 1844

„**Ich bin Julius und 14 Jahre alt. Ich arbeite in einem Bergwerk.** Hier weiß ich nie, ob es Tag ist oder Nacht. Es ist anstrengend, den Karren zu schieben, vor allem wenn man auf den Knien kriechen muss. Meine Knie und mein Rücken tun weh. Ich bin hungrig und durstig. Wegen des Staubes kann ich schlecht sehen und nicht gut atmen. Aber ich muss weitermachen, meine Familie braucht das Geld.“

2 Ein Mädchen in einer Zigarettenfabrik, um 1900

„**Ich bin Katharina. Seit ich 5 Jahre alt bin, helfe ich schon in der Arbeitsstube meines Vaters.** Er hat viel Arbeit und kann sich keine Mitarbeiter leisten. So habe ich den größten Teil meiner Kindheit in den staubigen Räumen der Zigarettenfabrik verbringen müssen.
Ich hatte kaum Bewegung an der frischen Luft. Das hat mich krank gemacht. Deshalb leide ich an einer Augenentzündung.“

3 Ein Junge in einer Fabrik, 1914

„**Ich bin David und 15 Jahre alt. Ich arbeite in einer Fabrik.** Dort bediene ich eine gefährliche Bohrmaschine, an der sich vor Kurzem ein Junge in die Hand gebohrt hat. Um die Maschine zu bedienen, muss ich mein ganzes Gewicht auf den Hebel werfen. Ein Ausrutscher kann auch tödlich enden. Die Arbeitsplätze in unserer Fabrik sind kaum geschützt. Wir sind beim Arbeiten immer großen Gefahren ausgesetzt.“

Kinder arbeiteten für den Lebensunterhalt

Seit ältesten Zeiten mussten Kinder auf den Bauernhöfen oder in den Werkstätten ihrer Eltern mithelfen und einfache Arbeiten übernehmen. Das änderte sich vor etwa 200 Jahren in der Zeit der ↗ Industrialisierung, als es zunehmend Fabriken und Maschinen gab. Fabrikbesitzer stellten Kinder ein, denn diese konnten die Maschinen bedienen, bekamen aber viel weniger Lohn als die Erwachsenen. Viele Kinder arbeiteten den ganzen Tag. Alle Familienmitglieder mussten damals mithelfen, das Geld für die notwendigen Lebensmittel zu verdienen.

Seit wann gibt es in Deutschland Gesetze gegen Kinderarbeit?	
1839	Erste gesetzliche Einschränkung der ↗ Kinderarbeit in einem deutschen Staat (Königreich Preußen). Kinder unter 9 Jahren dürfen nicht mehr in Fabriken arbeiten. 9- bis 16-Jährige dürfen höchstens 10 Stunden täglich in Fabriken arbeiten. Nachtarbeit ist nicht mehr erlaubt. Am Sonntag ist frei.
1853	Kinder unter 13 Jahren dürfen nicht mehr in Fabriken arbeiten.
1904	Das Kinderschutzgesetz tritt im Deutschen Kaiserreich in Kraft: 13- bis 14-Jährige dürfen höchstens 6 Stunden in Fabriken arbeiten. 15- bis 16-Jährige dürfen höchstens 10 Stunden in Fabriken arbeiten. Das Gesetz gilt auch für andere Betriebe, wie zum Beispiel das Handwerk. Auch Kinder in Familienbetrieben werden geschützt.
1960	Das Jugendarbeitsschutzgesetz tritt in Kraft. Kinderarbeit ist ab sofort in Deutschland verboten.

4 Gesetze gegen Kinderarbeit

Merke

- Früher mussten Kinder unter schlimmen Bedingungen arbeiten, um für ihre Familien Geld zu verdienen.
- Seit 1960 ist Kinderarbeit in Deutschland verboten.

Fachbegriffe:
- die Kinderarbeit
- das Kinderarbeitsverbot

Aufgaben

Methoden: Plakat gestalten S. 85

1 Beschreibt, unter welchen Bedingungen Kinder früher arbeiten mussten → **Abb. 1–3.**

2 Erklärt, warum Kinderarbeit früher als notwendig angesehen wurde.

3 **a)** Vermutet, welche Folgen die schweren Arbeiten für die Kinder früher hatten. Haltet eure Ergebnisse auf einem Plakat fest (→ Methode). Lasst unten etwas Platz.

b) Fasst unten auf dem Plakat zusammen, warum und seit wann Kinderarbeit in Deutschland verboten ist → **Abb. 1–4.**

4 Vielleicht fällt euch das Aufstehen morgens manchmal schwer. Wie denkt ihr darüber, wenn ihr vergleicht, wie es den Kindern früher ging? Was ist heute anders? Diskutiert in der Klasse.

○1, 2 ●3, 4

Fallbeispiele: Wie entscheide ich?

Fallbeispiele

1 **Aische ist 12 Jahre alt. Sie passt häufig auf das Kind ihrer Nachbarin auf.** Aische ist genervt: „Ich bekomme kein Geld dafür, dass ich auf das Baby aufpasse. Beim nächsten Mal werde ich nach einer Bezahlung fragen."

2 **Josef ist 14 Jahre alt und trägt nachmittags Zeitungen aus.** Er wird dafür bezahlt.

3 Burak wird bald 14 Jahre alt und ist ↗ vollzeitschulpflichtig. **Burak möchte seinem Freund Andreas in Mathe Nachhilfe geben, um sein Taschengeld aufzubessern.**

4 **Mara ist handwerklich sehr begabt und möchte in den Sommerferien fünf Wochen in der Schreinerei der Nachbarn arbeiten.** Sie wird am 14. August 15 Jahre alt.

5 **Monika und Kevin sind beide 12 Jahre alt und helfen regelmäßig beim Kuchenverkauf ihres Sportvereins am Wochenende mit.** Sie räumen benutztes Geschirr ab und helfen beim Spülen. Manchmal bittet der Vorsitzende des Sportvereins Monika und Kevin, neue Getränkekisten aus dem Lager zu holen. Für ihre Tätigkeit bekommen die beiden kein Geld.

6 **Die 11-jährige Lena möchte regelmäßig den Hund ihrer 85-jährigen Nachbarin ausführen.** Die Nachbarin verspricht ihr dafür einen Gutschein für einen Zoobesuch.

7 **Murat ist 6 Jahre alt. Seine Mutter wurde gefragt, ob Murat als Model für Kindermoden fotografiert werden darf.** Das Foto-Shooting würde den ganzen Samstag dauern.

8 **Elias' Vater ist Landwirt und benötigt seinen 13-jährigen Sohn bei der Erntearbeit.** Elias soll die große Pflückmaschine bedienen und später beim Sortieren der Äpfel helfen. Die Arbeit ist sehr anstrengend.

9 **Riste, 13 Jahre, ist ein begabter Gitarrenspieler.** Mit seiner Band hat er bereits einige bezahlte Auftritte vor Publikum gespielt. Für seine Hausaufgaben bleibt neben den Proben wenig Zeit.

10 **Roman ist 15 Jahre alt und muss jeden Tag nach der Schule in der Schreinerei des Vaters aufräumen und die Sägeblätter an den Kreissägen wechseln.** Um seine Hausaufgaben kann sich Roman meistens erst nach dem Abendessen kümmern.

11 **Marie ist 14 Jahre alt und möchte samstagabends in einem Café bedienen.** Sie müsste um 18 Uhr anfangen. Oft ist das Café so voll, dass die letzten Gäste erst nach 23 Uhr gehen. „So lange brauche ich dich dann auch", sagt der Chef des Cafés.

12 **Natalie, 12 Jahre, soll ihren Eltern helfen, die Gemüseernte auf dem Wochenmarkt zu verkaufen.** Dazu muss Natalie immer sehr früh aufstehen. Ihre Mutter meint: „Ausschlafen kannst du noch am Sonntag. Du kannst uns ruhig ein bisschen unterstützen."

Merke

- Fallbeispiele sind konkrete Situationen aus dem Alltag.
- Ich kann Fallbeispiele anhand von Kriterien beurteilen, zum Beispiel mithilfe der gesetzlichen Regeln.

Fachbegriffe:
- das Fallbeispiel
- die Kriterien

Aufgaben **Methoden:** Fallbeispiele auswerten S. 84

1 Entscheide als Richter oder Richterin, ob die Kinderarbeitsschutzverordnung und das Jugendarbeitsschutzgesetz die Arbeiten in den Fallbeispielen erlauben oder verbieten (→ Methode). Begründe deine Entscheidung.

2 Vergleicht eure Ergebnisse.

Kinderarbeit weltweit

Szenario:
Du hast viel über das Thema **Kinder- und Jugendarbeit** in Deutschland erfahren. Aber wie geht es Kindern **in anderen Ländern**? Werden sie auch vor zu viel oder schwerer Arbeit geschützt? Findet es heraus und stellt die Ergebnisse auf einem **Plakat** vor.

1. Starten

Startet mit dem Szenario. Dort erfahrt ihr, was zu tun ist.

- ✓ Besprecht gemeinsam den Inhalt des Szenarios.
- ✓ Notiert euch wichtige Stichworte zu eurem Auftrag.

2. Planen

Plant euer Vorgehen.

- ✓ Bildet Kleingruppen. Entscheidet, zu welchem Land ihr Informationen sammeln möchtet. Zur Auswahl stehen Italien, Indien, China, Somalia oder Afghanistan. Die Informationen und das Material bekommt ihr von eurer Lehrkraft.
- ✓ Verschafft euch einen Überblick über das Material.

3. Durchführen und dokumentieren

Führt euer Vorhaben durch und dokumentiert es.

Jedes Gruppenmitglied bearbeitet eine Aufgabe:

- ✓ 1. Markiert das Land auf einer Weltkarte und findet Informationen dazu: Kontinent, Einwohnerzahl, Entfernung von Deutschland.
- ✓ 2. Notiert Stichpunkte:
  - a) Gibt es in dem Land Gesetze, die Kinder- und Jugendarbeit regeln?
  - b) Welche Arbeiten verrichten Kinder in diesem Land am häufigsten?
  - c) Sind diese Arbeiten in dem Land offiziell erlaubt?
  - d) Warum müssen die Kinder diese Arbeiten erledigen?
- ✓ 3. Formuliert Ideen, wie die Situation von arbeitenden Kindern und Jugendlichen in dem untersuchten Land verbessert werden könnte.
- ✓ Stellt eure Ergebnisse den anderen Gruppenmitgliedern vor.
- ✓ Gestaltet gemeinsam das Plakat. Probt die Präsentation vor der Klasse.

4. Präsentieren

Präsentiert eure Arbeitsergebnisse.

- ✓ Stellt euer Plakat und eure Ergebnisse der Klasse vor.

5. Reflektieren

Schaut auf eure Arbeit zurück. Reflektiert den gesamten Ablauf.

- ✓ Gut funktioniert hat …
- ✓ Probleme gab es bei …
- ✓ Das werde ich in Zukunft anders machen …

Diese Fachbegriffe kenne ich jetzt:

Recht

Gesetze für Kinder und Jugendliche
- das Gesetzbuch (Grundgesetz, Kinder- und Jugendhilfegesetz, Jugendschutzgesetz)

Lernen und Arbeit
- der Kinderarbeitsschutz
- die Verordnung (Kinderarbeitsschutzverordnung)
- das Gesetz (Jugendarbeitsschutzgesetz)
- die zulässige Beschäftigung
- das Fallbeispiel
- das Kriterium, die Kriterien

Kinderarbeit früher und heute
- die Kinderarbeit
- das Kinderarbeitsverbot

Das weiß ich jetzt:

Gesetze für Kinder und Jugendliche

Das Grundgesetz und das Bürgerliche Gesetzbuch sind für alle Menschen in Deutschland wichtig.

Das Kinder- und Jugendhilfegesetz und das Jugendschutzgesetz sind wichtige Gesetze für Kinder und Jugendliche.

In der Kinderarbeitsschutzverordnung und im Jugendarbeitsschutzgesetz ist genau festgelegt, welche Arbeiten Kinder und Jugendliche übernehmen dürfen.
In den beiden Gesetzbüchern steht, wann und wie lange Kinder und Jugendliche arbeiten dürfen, welche Beschäftigungen zulässig sind und welche wichtigen Bestimmungen sonst noch gelten.

Lernen und Arbeit

Lernen erfüllt alle Arbeitsplatzmerkmale und alle Eigenschaften von Arbeit.
Lernen ist Arbeit.

Gesetze schützen Kinder und Jugendliche, damit diese ausreichend Zeit sowohl zum Lernen als auch zum Entspannen haben und gesund aufwachsen können.

In Fallbeispielen kann ich entscheiden, ob eine Arbeit für Kinder und Jugendliche erlaubt ist. Bei der Beurteilung helfen mir Kriterien wie die gesetzlichen Regeln.

Kinderarbeit früher und heute

Früher mussten Kinder unter schlimmen Bedingungen arbeiten, um Geld für ihre Familien zu verdienen.

Seit 1960 ist Kinderarbeit in Deutschland verboten. Kinder und Jugendliche werden durch Gesetze geschützt und sollen gesund aufwachsen. Sie dürfen keine gefährlichen oder körperlich schweren Arbeiten verrichten.

Gibt es Gesetze für Kinder und Jugendliche? S. 50/51

1 Nenne vier deutsche Gesetze, die für Kinder und Jugendliche wichtig sind.

Dürfen Kinder und Jugendliche arbeiten? S. 52/53

2 a) Kinder über 13 Jahren und vollzeitschulpflichtige Jugendliche dürfen in Deutschland bestimmte Arbeiten ausführen. Welche Arbeiten sind erlaubt? Notiere richtige Beispiele.
Tipp: Drei Beispiele sind richtig.
- Nachhilfe geben
- Austragen von schweren Paketen
- Bei der Ernte helfen
- Einen Hund Gassi führen

b) Bestimmte Arbeiten dürfen sogar schon Kinder über 6 Jahren ausführen, zum Beispiel an einer Probe für eine Aufführung teilnehmen. Beschreibe Bestimmungen, die dabei erfüllt sein müssen.

Welche Arbeiten sind erlaubt? S. 54/55

3 a) Kinder und Jugendliche in Deutschland dürfen nicht jede Arbeit ausführen. Erkläre, warum.
b) Nenne das Gesetz, in dem steht, warum Kinder geschützt werden müssen.
c) Nenne drei Arbeiten, die Kinder nicht ausführen dürfen. Begründe deine Antwort.

Ist Lernen auch Arbeit? S. 56/57

4 a) Handelt es sich bei den folgenden Beispielen um Arbeitsplatzmerkmale oder um Arbeitseigenschaften? Erstelle eine zweispaltige Tabelle und ordne die Begriffe ein:
planvoll – Arbeitsmittel – Arbeitsbedingungen – zielgerichtet – anstrengend – Arbeitsdauer – an verschiedenen Orten – Arbeitsort – Arbeitsaufgabe – bewusst.

Arbeitsplatzmerkmal	Arbeitseigenschaft

b) Begründe, warum Lernen auch Arbeit ist.

Wie ging es den Kindern früher? S. 58/59

5 Früher war in Deutschland Kinderarbeit erlaubt.
a) Nenne drei Gründe, warum es den Kindern dabei sehr schlecht ging.
b) Erkläre, seit wann Kinderarbeit in Deutschland verboten ist.

Fallbeispiele: Wie entscheide ich? S. 60/61

6 Entscheide, ob die Arbeiten erlaubt sind. Begründe deine Entscheidung.
a) Maxi ist 14 Jahre alt, geht zur Schule und möchte nachmittags Nachhilfe geben.
b) Lazar ist 10 Jahre alt und soll in einer Kinderserie mitspielen. Die Aufnahmen dauern täglich 5 Stunden.

4 Technik

Was denkst du?

Was sind große Erfindungen, die Menschen gemacht haben?

Wo begegnest du Technik in deinem Alltag?

Welche Vorteile und Nachteile haben technische Geräte, zum Beispiel ein Smartphone?

Warum werden technische Erfindungen gemacht?

Wie entstand der moderne Buchdruck?

Im Mittelalter wurden Bücher **von Hand abgeschrieben**, um sie zu kopieren. Das war sehr **zeitaufwendig und teuer**. Speziell ausgebildete Mönche arbeiteten in Klöstern mehrere Jahre, bis eine Kopie fertig war.

Später gab es eine Technik, bei der Texte **in Holztafeln eingeschnitzt** wurden. Der Vorteil dieser Technik war, dass Drucke hergestellt werden konnten. Aber wurde beim Schnitzen auch nur ein Fehler gemacht, musste die ganze Holztafel neu angefertigt werden.

Erst als Johannes Gutenberg (→ **Abb. 1**) den Druck mit **wiederverwendbaren Buchstaben-Stempeln aus Metall** (→ **Abb. 2**) erfand, vereinfachte sich die Arbeit. Mit diesen Buchstaben wurden Wörter, Sätze und ganze Texte zusammengesetzt. Gab es einen Fehler, musste nur der entsprechende Stempel ausgetauscht werden. Mithilfe einer **Druckpresse** konnten dann beliebig viele Drucke auf Papier übertragen werden. Durch diese technische Erfindung war der Buchdruck **einfacher, schneller und auch günstiger** möglich.

1 Johannes Gutenberg (1400–1468), Erfinder des modernen Buchdrucks

2 Wiederverwendbare Stempel aus Metall

Wie funktioniert eine Druckpresse?

Im *Schlitten* liegt die *Druckform* mit den Buchstaben-Stempeln, die mit Druckfarbe eingefärbt werden. Zwischen dem Schlitten und dem *Deckel* wird angefeuchtetes Papier eingespannt und mit der *Handkurbel* unter den *Tiegel* geschoben. Durch einen kräftigen Zug am sogenannten *Pressbengel* bewegt sich der Tiegel nach unten und presst sich auf Deckel, Papier und die eingefärbte Druckform. Ein Druck wird angefertigt.

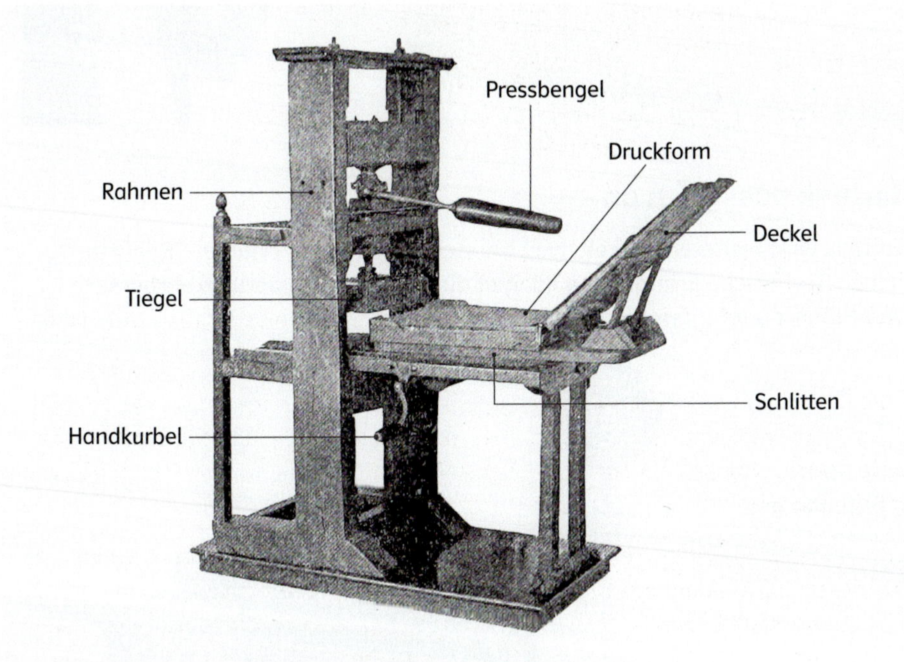

3 Eine Druckpresse

Merke

- Arbeiten, die mit der Hand verrichtet werden, sind zeitaufwendig und teuer.
- Technische Erfindungen erleichtern den Menschen das Leben.

Fachbegriffe:
- die technische Erfindung

Aufgaben

Methoden: Internetrecherche S. 84

1 War jemand aus der Klasse schon einmal in einem Museum? Tauscht euch aus, ob ihr dort Erfindungen gesehen habt.

2 **a)** Beschreibe in eigenen Worten, wie der Buchdruck entstanden ist.
b) Erkläre, welches Bedürfnis dahintersteckte.

3 **a)** Vermutet, warum die Buchstaben in **Abb. 2** spiegelverkehrt zu sehen sind.
b) Beschreibt die Funktionsweise der Druckpresse in eigenen Worten → **Abb. 3**.

4 **a)** Nennt weitere technische Erfindungen, die das Leben der Menschen erleichtert haben.
D19 MK
b) Wählt eine Erfindung aus und recherchiert dazu im Internet (→ Methode). Beschreibt der Klasse, wie die Erfindung funktioniert.
c) Erklärt, warum diese Erfindungen für uns heute noch wichtig sind.

○1 ◐2, 3, 4a ●4b, 4c

Warum entwickelt sich Technik weiter?

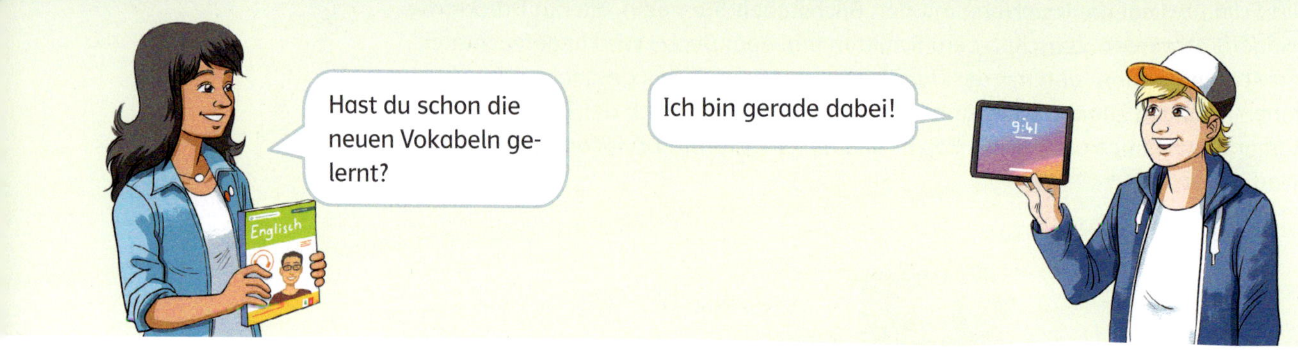

Technik passt sich an

Technik wird weiterentwickelt, weil Menschen neue oder andere ↗ Bedürfnisse haben. Technische Erfindungen können durch Weiterentwicklung **verbessert**, **verschönert** oder ↗ **umweltfreundlicher** werden.

Zeit

1440

Druckpresse nach Johannes Gutenberg
- führte zur ersten Massenproduktion von Büchern

1811

Zylinderpresse nach Friedrich Koenig
- alle Funktionen wurden mechanisch mithilfe von Dampfkraft ausgeübt

1846

Rotationsmaschine nach Augustus Applegath
- schaffte 12 000 Drucke pro Stunde

1912

Offsetdruck mit der Offsetdruckmaschine
- Plattendruck ermöglichte eine exakte Wiedergabe von Farben und Details

1976

Digitaldruck mit dem Plotter
- schnelle Übertragung eines digitalen Druckbildes vom Computer in eine Druckmaschine

1 Die Weiterentwicklung der Druckpresse

Technische Weiterentwicklung am Beispiel der Druckpresse

Durch die Erfindung der Druckpresse wurde es möglich, dass Bücher und Zeitungen in hoher Stückzahl gedruckt werden konnten. Dies bewirkte eine **Veränderung in der Bildung**: Wissen wurde somit für alle zugänglich gemacht. Nachrichten konnten schneller verbreitet werden.
Durch die technische Weiterentwicklung der Druckpresse verbesserte sich auch die **Qualität der Drucke**.

Heute gibt es **zahlreiche Möglichkeiten**, etwas zu bedrucken. Das Bedrucken einer winzigen Nano-SIM-Karte ist ebenso möglich wie das Drucken von Plakaten, die so groß sind wie ein Haus → **Abb. 2, 3**. Man kann nicht nur Flächen bedrucken, sondern auch Gegenstände wie Kaffeetassen, Kissen und Handyhüllen.
Es gibt auch **3-D-Drucker**, die Objekte dreidimensional ausdrucken können.

2 Eine Nano-SIM-Karte

3 Ein riesiges gedrucktes Poster

Merke

- Eine technische Weiterentwicklung verbessert Erfindungen.
- Erfindungen verändern und erleichtern unser Leben.

Fachbegriffe:
- die Veränderung
- die Weiterentwicklung

Aufgaben

Methoden: Internetrecherche S. 84, Plakat gestalten S. 85

1 **a)** Zählt technische Geräte auf, die es bei euch zu Hause gibt.
b) Berichtet, ob ihr lieber mit Büchern oder digital lernt, zum Beispiel mit einem Tablet oder mithilfe von Lern-Apps. Beschreibt die jeweiligen Vorteile aus eurer Sicht.

2 Beschreibe, wie sich Weiterentwicklung auf technische Erfindungen auswirkt.

3 **a)** Beschreibe mithilfe von **Abb. 1**, wie sich die Druckpresse weiterentwickelt hat.
b) Erkläre, warum sich der Buchdruck verändert hat.

4 Überlegt, was heute alles gedruckt und bedruckt werden kann → **Abb. 2, 3**. Findet weitere Beispiele und schreibt sie auf.

D20 MK

5 **a)** Recherchiert im Internet, wie sich die Technik im Bereich der Fortbewegung weiterentwickelt hat (→ Methode).
b) Gestaltet dazu einen Zeitstrahl wie in **Abb. 1** auf einem Plakat (→ Methode).

Wie entwickelte sich das Windrad weiter?

Bilder für den Vortrag

Text für den Vortrag

1 **Die Entwicklung des Windrades**
von der Antike bis heute

Ich begrüße euch zu meinem Vortrag zum Thema „**Das Windrad im Wandel der Zeit**“. Bereits seit mindestens 2000 Jahren nutzen Menschen die Kraft des Windes.

2 **Antike**
Die Ursprünge der Windkraft

Schon im antiken **Persien** und in **China** wurden Windräder eingesetzt, um das Leben der Menschen zu erleichtern. Sie wurden verwendet, um Wasser zu pumpen oder Korn zu mahlen. Dabei drehten sich die Windräder noch um eine vertikale Achse.
(Notiz: vertikal bedeutet senkrecht)

3 **Mittelalter**
Verbreitung der Windmühle in Europa

Ab dem 12. Jahrhundert verbreiteten sich Windmühlen in **Europa**. Sie drehten die Blätter bereits um eine horizontale Achse. Sie wurden zum Mahlen von Korn und auch zum Sägen, Hämmern oder Pumpen von Wasser eingesetzt.
Da die Bevölkerung stetig wuchs, nahm die Getreideverarbeitung eine immer wichtigere Rolle ein.
(Notiz: horizontal bedeutet waagerecht)

4 **Industrialisierung**
Erfolg und Verdrängung der Windmühlen

Durch die ↗ **Industrialisierung** erhöhte sich der Gesamtbedarf an mechanischer ↗ Energie. So gab es um 1850 in Europa etwa 200 000 Windmühlen. Dann aber nahmen Dampfmaschinen und Motoren nach und nach den Platz der Mühlen ein.
(Notiz: mechanische Energie meint Drehbewegungen oder Bewegung nach oben und unten, vor und zurück)

5

20. Jahrhundert
Strom aus Windkraft

Während Windmühlen als Lieferanten mechanischer Energie langsam verschwanden, entstand ein neues Einsatzgebiet: **Strom** aus Windkraft.

6

Heute
Windparks in Deutschland

Zurzeit befinden sich in Deutschland etwa 80 Windparks auf dem Festland und 30 in den Küstenregionen Deutschlands. Ein Windpark kann rund 50 000 Haushalte mit Strom versorgen. Windkraft zählt zu den ↗ **erneuerbaren Energien**. Erneuerbare Energien sind wichtig, da herkömmliche ↗ **Rohstoffe** wie Erdöl, Erdgas oder Kohle knapp werden. Außerdem schadet ihre Verbrennung der Umwelt.

Merke

- Durch die Industrialisierung stieg der Bedarf an mechanischer Energie.
- Der steigende Bedarf an Strom sorgt dafür, dass die Rohstoffe knapp werden.
- Erneuerbare Energien können uns dauerhaft mit Energie versorgen und schonen die Umwelt.

Fachbegriffe:
- die Energie
- erneuerbar
- der Strom
- der Rohstoff

Aufgaben

Methoden: Bildbeschreibung S. 83, Internetrecherche S. 84

1 Hast du schon einmal vor einem Windrad gestanden? Beschreibe dieses Erlebnis.

2 Schaue dir die Bilder des Vortrags an und beschreibe die Unterschiede der Windräder mit eigenen Worten (→ Methode).

3 Lest die Texte des Vortrags. Erläutert, welche Gründe es für die Weiterentwicklung des Windrades gab.

NE **4** Welche weiteren erneuerbaren Energien kennst du? Beschreibe diese mit eigenen Worten.

5 **a)** Wählt eine technische Erfindung aus den folgenden Bereichen aus:
- Medizin (Beispiele: Fieberthermometer, Röntgenapparat)
- Freizeit (Beispiele: Fotoapparat, Fernseher)
- Landwirtschaft (Beispiele: Arbeitsmaschinen wie Traktor oder Mähdrescher)

MK D21 **b)** Recherchiert dazu in Sachbüchern oder im Internet (→ Methode).

c) Beschreibt die Entwicklungsschritte und die Motive in Form eines Vortrags mit Bildern, wie Stefan es gemacht hat. Findet für jeden Abschnitt eine Überschrift sowie ein passendes Bild und formuliert jeweils einen kurzen Text.

○1 ◐2, 3, 4 ●5

Wo finden wir Technik in der Schule ...

Vielfältige Technik in der Schule

Herr Neuer: Ein wichtiges technisches Gerät ist für mich der Kopierer. So kann ich ein Arbeitsblatt schnell für die ganze Klasse vervielfältigen. Das ist für mich eine große Arbeitsentlastung.

Frau Maier: Der Lautsprecher ist ein sinnvolles technisches Gerät. Damit kann ich wichtige Durchsagen und Ankündigungen in alle Klassenräume gleichzeitig übermitteln und muss nicht jede Klasse einzeln informieren.

Herr Stahl: Ich habe immer meinen Akkuschrauber dabei. So muss ich die Schrauben nicht mit der Hand ein- oder ausdrehen. Ich kann so zum Beispiel ohne großen Zeitaufwand ein Regal aufbauen.

Frau Kurz: Für meine Arbeit ist der Computer am wichtigsten. Dort stehen viele Daten zu Schülerinnen und Schülern sowie Lehrkräften. So kann ich zum Bespiel sofort sehen, ob jemand krankgemeldet ist.

Starker Job

Gebäudereiniger/in

Als Gebäudereiniger/in arbeite ich in Büroräumen, Schulen und Wohnanlagen. Täglich reinige ich dort die Zimmer, Böden und Toilettenräume. Auch kümmere ich mich um die Reinigung der Treppen und sammle Abfälle ein. Mehrmals im Jahr putze ich die Fenster und Rollläden. Auch Krankenhäuser, Schwimmbäder oder Verkehrsmittel (z. B. Busse) gehören zu meinen Arbeitsorten. Dort bin ich nicht nur für die Reinigung, sondern auch für die Hygiene zuständig. Ich arbeite mit technischen Geräten (z. B. Bodenreinigungsmaschine), Zubehör (z. B. Hebebühne) und Hilfsstoffen (z. B. Reinigungsmittel). Abfälle, Wertstoffe und Schmutzwasser entsorge ich umweltgerecht.

... und im Klassenzimmer?

1 Internetrecherche

2 Arbeiten mit der digitalen Tafel

3 Gruppenarbeit am Tablet

4 Homeschooling

Neue digitale Medien und Innovationen

Früher gab es in Klassenzimmern eine Tafel und Kreide, manchmal auch einen Projektor, um Folien an die Wand zu projizieren. Heute haben viele Klassenzimmer eine digitale Tafel, meistens ein **Whiteboard** mit Internetanschluss. Das ist eine ↗ **Innovation**, also die Einführung und Anwendung neuer technischer Erfindungen.

Merke

- Innovation bringt Fortschritt durch die Anwendung neuer Ideen und Techniken.

Fachbegriffe:
- die Innovation

Aufgaben **Methoden:** Befragung durchführen S. 83, Internetrecherche S. 84

1 Zählt auf, welche technischen Geräte es in eurer Schule gibt. Nehmt auch **Abb. 1–4** zu Hilfe.

2 **a)** Stelle Vermutungen an, welche Berufe die vier befragten Personen ausüben.
b) Was halten die Personen von den technischen Entwicklungen? Erkläre.

3 Beschreibe die digitale Tafel → **Abb. 2.** Vergleiche sie mit der Kreidetafel. Erläutere Vor- und Nachteile.

4 **a)** Welche technischen Geräte gab es früher im Klassenzimmer? Befragt eure Eltern und Großeltern (→ Methode).
b) Erklärt, aus welchem Bedürfnis heraus die Geräte für das Klassenzimmer weiterentwickelt wurden → **Abb. 2.**

D22 MK **5** Recherchiere nach Beispielen für aktuelle technische Innovationen (→ Methode).

Technik – Nutzen im Haushalt ...

Hilfreiche Geräte im Haushalt

Technische Haushaltsgeräte sind eine große Hilfe im Alltag. Sie unterstützen uns dabei, Arbeiten leichter und schneller zu verrichten. Sie haben einen **Nutzen**.

Haushaltsgeräte, die ***bedient*** werden müssen:			
Gerät:	**Handrührgerät** 	**elektrische Zahnbürste** 	**Staubsauger** 
Funktion:	Teig rühren	Zähne putzen	Boden reinigen
Nutzen:	Der Teig muss nicht mehr mühsam mit dem Kochlöffel verrührt werden.	Zur Reinigung der Zähne müssen keine kreisenden Bewegungen gemacht werden.	Der Staub muss nicht mehr mit Besen und Schaufel aufkehrt werden.

Haushaltsgeräte, die ***programmiert*** werden müssen, damit sie selbstständig arbeiten:			
Gerät:	**Saugroboter** 	**Waschmaschine** 	**elektrischer Rollladen** 
Funktion:	Boden reinigen	Wäsche reinigen	Fenster verdunkeln
Nutzen:	Man muss den Staubsauger nicht mehr selbst über den Boden schieben.	Die Wäsche muss nicht mehr von Hand gewaschen werden.	Der Rollladen muss nicht mehr von Hand heruntergelassen werden.

... Vergnügen in der Freizeit?

Technik, die Spaß macht

Jugendliche besitzen technische Geräte, von denen einige **Zeit einsparen** (Fahrrad) oder die **Arbeit erleichtern** (Taschenrechner). Für viele Jugendliche ist ↗ **Unterhaltungselektronik** der spannendste technische Bereich (Handy, Fernseher, Spielkonsole).

Das **Smartphone** ist ein Beispiel für ein technisches Gerät, das ständig weiterentwickelt wird. Es ist nützlich im Alltag und dient dem **Vergnügen** in der Freizeit. Viele Erfindungen führten dazu, dass Smartphones zu Minicomputern weiterentwickelt wurden → **Abb. 1**.

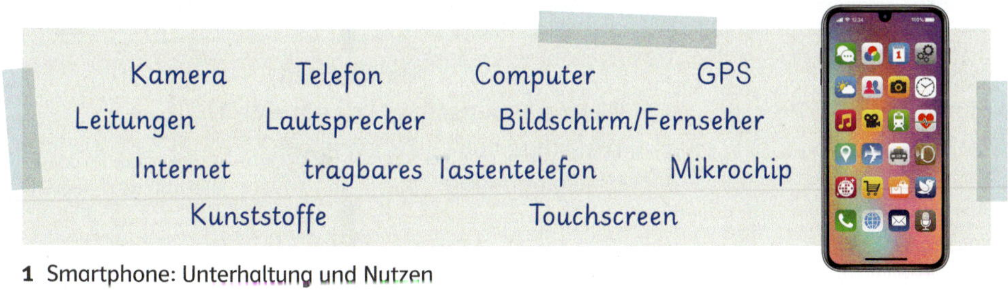

1 Smartphone: Unterhaltung und Nutzen

Merke

- Technische Geräte sind nützlich, wenn sie die Erfüllung von Aufgaben erleichtern.
- Technische Geräte dienen auch dem Vergnügen in der Freizeit.

Fachbegriffe:
- nützlich
- die Unterhaltungselektronik

Aufgaben **Methoden:** Internetrecherche S. 84, Tabelle anlegen S. 86

1 Tauscht euch in der Klasse aus, welche technischen Geräte ihr im Haushalt schon allein bedienen dürft.

2 Lege eine vierspaltige Tabelle an (→ Methode) wie auf Seite 74.
a) Nenne weitere technische Geräte im Haushalt.
b) Beschreibe ihre Funktion und ihren Nutzen.
c) Beschreibe eventuell ihre Programmierung.

3 Welche technischen Geräte nutzt du in deiner Freizeit? Beschreibe das Vergnügen und eventuell auch den Nutzen.

D24 MK

4 a) Recherchiert Informationen über die in **Abb. 1** genannten Erfindungen (→ Methode).
Wann, von wem und wozu wurden diese Erfindungen gemacht? Erstellt eine Tabelle (→ Methode).
b) Vermutet, wieso diese Erfindungen den Nutzen und die Attraktivität des Smartphones verbessert haben.
c) Bewertet, welche Erfindung für euch am wichtigsten ist.

Wann ist ein technisches Gerät sinnvoll?

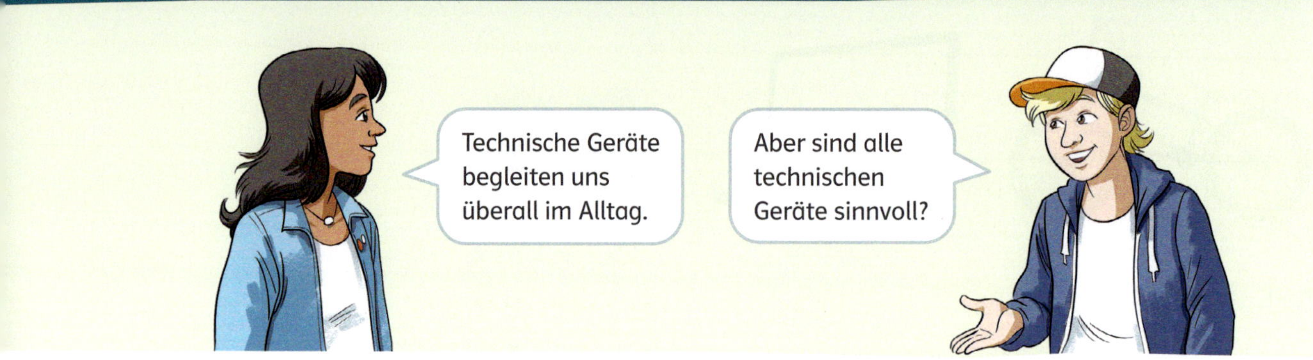

Objektbetrachtung von technischen Geräten

Bei einer ↗ **Objektbetrachtung** betrachtet man ein technisches Gerät unter bestimmten Merkmalen. Fragen zu **technischen und** ↗ **ökologischen Merkmalen** helfen dir bei der **Bewertung** technischer Geräte.

Technische Merkmale

Arbeitserleichterung

- Wie erleichtert das Gerät die Arbeit?
- Spart es Zeit? Spart es Kraft?

Aufbau

- Wie ist das Gerät aufgebaut?
- Aus welchen Einzelteilen besteht es?
- Welche Materialien wurden verarbeitet?

Funktion

- Welche Funktionen hat das Gerät?
- Welchen Zweck erfüllen die einzelnen Funktionen? Sind sie sinnvoll?

Bedienbarkeit

- Wie gut lässt sich das Gerät bedienen?
- Welche Voraussetzungen sind nötig (Beispiel: Strom)?

Aussehen

- Wie ist das Gerät gestaltet?
- Ist es modern und schön (Beispiel: Form, Farbe)?

Ökologische Merkmale

Haltbarkeit

- Welche Lebensdauer hat das Gerät?
- Wie lange halten Zubehörteile? (Beispiel: Akku)

Nachhaltigkeit

- Gibt es Ersatzteile für das Gerät?
- Werden ↗ Rohstoffe geschont (Beispiel: wiederverwendbare Teile)?

Regionalität

- Wo wird das Gerät hergestellt?
- Wie lang sind die Transportwege?

Umweltfreundlichkeit

- Wie wird das Gerät hergestellt?
- Werden ↗ recycelte Materialien verwendet?

Preis-Leistungs-Verhältnis

- Ist der Preis angemessen?

1 Merkmale zur Bewertung technischer Geräte

2 Wann lohnt sich die Anschaffung eines neuen technischen Gerätes?

Nachhaltige Wege aus der Wegwerfgesellschaft

Heutzutage werfen wir manchmal Dinge weg, wenn wir sie nicht mehr brauchen, nicht mehr schön finden oder wenn sie nicht mehr richtig funktionieren. Das beschreiben Fachleute mit dem Wort „Wegwerfgesellschaft“.

Warum ist das so? Manchmal finden wir neue ↗ Produkte schöner. Sie kosten oft weniger Geld, wenn sie in anderen Ländern hergestellt wurden. Manchmal ist es eine Strategie der Firmen, dass die Geräte schnell kaputtgehen oder schlecht zu reparieren sind. Manchmal sind wir aber auch zu bequem, um etwas zur Reparatur zu bringen.

Technische Geräte immer neu zu kaufen, ist jedoch **schlecht für die Umwelt**. Die Geräte bestehen aus Rohstoffen wie Erdöl, Gold, Kupfer oder Eisen. Diese Rohstoffe lagern in der Erde. Allerdings sind die **Rohstoffvorräte** begrenzt. Wir dürfen sie nicht verschwenden. **Reparieren**, **leihen** oder **tauschen** sind gute, **nachhaltige** Alternativen.

Merke

- Eine Objektbetrachtung hilft, technische Geräte zu bewerten.
- Sinnvolle technische Geräte erleichtern die Arbeit, indem sie helfen, Zeit und Kraft zu sparen.
- Eine lange Verwendung technischer Geräte spart Rohstoffe, ist umweltfreundlich und nachhaltig.

Fachbegriffe:
- die Objektbetrachtung
- die Nachhaltigkeit

Aufgaben

Methoden: Plakat gestalten S. 85

1 Welche technischen Geräte bei dir zu Hause funktionieren noch sehr gut, obwohl sie alt sind? Tauscht euch aus.

2 Lest euch die Merkmale zur Bewertung technischer Geräte durch → **Abb. 1**. Erklärt euch unbekannte Begriffe gegenseitig.

3 In **Abb. 2** wird ein neues Tablet mithilfe der Merkmale bewertet.
a) Benenne, welche Merkmale bei den Überlegungen berücksichtigt werden → **Abb. 1**.
b) Findest du den Kauf sinnvoll? Begründe.

D25 NE
4 a) Analysiert ein technisches Gerät eurer Wahl. Führt dazu eine Objektbetrachtung durch. Macht euch dafür Stichpunkte zu den genannten Merkmalen → **Abb. 1**.
b) Erstellt zu eurem Gerät zunächst eine Plakatskizze und danach ein großes Plakat (→ Methode).
c) Präsentiert euer Ergebnis der Klasse.

Technik – nur Chancen ...

Technische Erfindungen verändern das Leben in vielen Bereichen. Das bringt Innovation und Fortschritt. Aber sind die Auswirkungen immer nur positiv?

Chancen von Technik

Technische Erfindungen und ↗ Innovationen können große **positive Veränderungen** auslösen. Das kann **verschiedene Bereiche** betreffen wie einzelne Menschen, die Gesellschaft, die Wirtschaft oder die Umwelt.

1 Solaranlage

Beispiel: Erneuerbare Energien

↗ Erneuerbare Energien wie Windkraft, Sonnenenergie und Wasserkraft sind gut für die Umwelt. Sie lösen veraltete Techniken ab, bei denen Rohstoffe wie Erdgas oder Erdöl notwendig sind.

2 Elektrischer Rollstuhl

Beispiel: Hilfen für behinderte Menschen

Bei modernen Tablets können sich sehbehinderte Menschen Texte vorlesen lassen und das Tablet mit ihrer Sprache steuern. Hörgeräte oder elektrische Rollstühle helfen Menschen mit Behinderungen ebenfalls in ihrem Alltag.

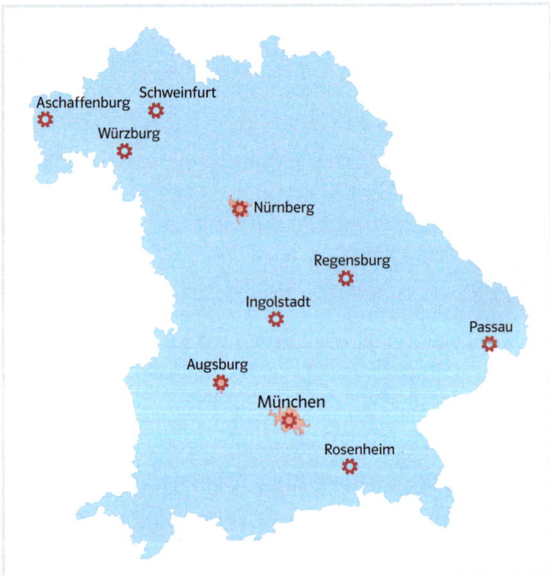

3 Produktionsstandorte in Bayern

Beispiel: Produktion in Deutschland

Wenn neue Techniken in Deutschland entwickelt, produziert und verkauft werden, ist das gut für die Wirtschaft. So müssen weniger ↗ Produkte aus dem Ausland nach Deutschland gebracht werden und die deutsche Wirtschaft wird gestärkt.

. . . ohne Risiken?

Samira: Mein Smartphone hat viele Vorteile für mich. Ich bin überall erreichbar. Auf meine Daten kann ich jederzeit zugreifen. Durch die Sprachsteuerung muss ich Nachrichten nicht mehr aufschreiben. Mit meinen Freunden treffe ich mich ganz einfach in einem Chat.
Felix: Du bist aber nur so lange überall erreichbar, wie du ein Mobilnetz hast, dein Akku geladen ist und keinen Defekt hat. Wenn du deine Nachrichten immer vom Smartphone schreiben lässt, verlernst du vielleicht die Rechtschreibung. Ich hoffe, du denkst an die Sicherheit deiner Daten?
Also ich treffe mich am liebsten persönlich mit meinen Freunden. Das ist schöner!

4 Vorteile und Nachteile eines Smartphones aus der Sicht von Felix und Samira

Mögliche Risiken von Technik

Die **Auswirkungen** von Technik lassen sich nicht genau voraussehen. Auch wie eine technische Erfindung genutzt und weiterentwickelt wird, ist **nicht vorhersehbar**.
So kann die Nutzung eines Smartphones in vielen Situationen sehr hilfreich sein. Aber sie kann auch dazu führen, dass man sehr viel Zeit am Bildschirm verbringt, sich weniger bewegt und weniger direkte Freundschaften aufbaut.
Alle technischen Erfindungen können Vor- und Nachteile mit sich bringen, wie zum Beispiel Drohnen, selbstfahrende Autos oder medizinische Geräte wie der Röntgenapparat. Jede technische Erfindung beinhaltet **neben Chancen auch immer Risiken**.

Merke

- Technische Erfindungen und Innovationen beinhalten Chancen und Veränderungen.
- Alle technischen Erfindungen beinhalten auch immer Risiken.

Fachbegriffe:
- die Chance
- das Risiko

Aufgaben

1 Beschreibt, welche technischen Erfindungen euch persönlich Vorteile bringen. Tauscht euch aus.

2 Diskutiert, welche Erfindungen in **Abb. 1–3** folgende Bereiche betreffen:
a) die Menschen
b) die Wirtschaft eines Landes
c) Lebewesen und die Umwelt

3 Lest den Dialog von Felix und Samira mit verteilten Rollen → **Abb. 4**.
a) Gebt die Vorteile und möglichen Nachteile eines Smartphones mit eigenen Worten wieder.
b) Beschreibt weitere Vor- und Nachteile.

D26 NE

4 Sammelt Chancen und Risiken folgender Erfindungen:
a) elektrischer Rollstuhl
b) KI (künstliche Intelligenz), zum Beispiel Textergänzung bei Smartphone-Nachrichten, Ansagen in Telefonhotlines, Roboter in der Altenpflege
c) selbst gewähltes Beispiel

Die Luftballonrakete

Szenario:
Eure Klasse möchte an einem Forschungswettbewerb zum Thema Luftfahrt teilnehmen. Dazu baut ihr eine **Luftballonrakete** und präsentiert eure Ergebnisse mithilfe eines **Videos** einer Jury.

1. Starten

Startet mit dem Szenario. Dort erfahrt ihr, was zu tun ist.

- ✓ Besprecht gemeinsam den Inhalt des Szenarios.
- ✓ Notiert euch wichtige Stichworte zu eurem Auftrag.

2. Planen

Plant euer Vorgehen.

- ✓ Findet euch zu Kleingruppen (5–6 Lernende) zusammen.
- ✓ Überlegt, welche Aufgaben es gibt und verteilt sie in der Klasse.
- ✓ Bereitet folgende Materialien für die Rakete vor: Luftballon, Strohhalm, glatte/dünne Schnur, Schere, Klebeband. Tipp: Verwendet unterschiedliche Luftballons.
- ✓ Bereitet für das Video vor: Drehbuch, Texte, Smartphone.

3. Durchführen und dokumentieren

Führt euer Vorhaben durch und dokumentiert es.

- ✓ Schneidet mit der Schere ein 5 cm langes Stück von dem Strohhalm ab.
- ✓ Messt quer durch den Raum die Länge der Schnur ab und schneidet sie ab.
- ✓ Befestigt ein Ende der Schnur an einem Gegenstand im Raum, z. B. am Türgriff.
- ✓ Fädelt das lose Ende der Schnur durch den Strohhalm und haltet es fest.
- ✓ Pustet den Luftballon auf und haltet die Öffnung zu.
- ✓ Klebt das aufgefädelte Stück Strohhalm auf den aufgepusteten Luftballon.
- ✓ Spannt die Schnur straff und lasst den Luftballon am Startpunkt los.
- ✓ Dokumentiert und kommentiert den Ablauf schrittweise mithilfe des Smartphones.

4. Präsentieren

Präsentiert eure Arbeitsergebnisse.

- ✓ Zeigt die entstandenen Videos eurer Parallelklasse und bittet um Rückmeldung.
- ✓ Verfasst ein Anschreiben und stellt alles für die Jury zusammen.

5. Reflektieren

Schaut auf eure Arbeit zurück. Reflektiert den gesamten Ablauf.

- ✓ Gut funktioniert hat …
- ✓ Probleme gab es bei …
- ✓ Das werde ich in Zukunft anders machen …

Diese Fachbegriffe kenne ich jetzt:

Technik

Technische Erfindungen und Weiterentwicklungen
- die technische Erfindung
- die Veränderung
- die Weiterentwicklung
- die Innovation

Technik im Alltag
- nützlich
- die Unterhaltungselektronik
- die Objektbetrachtung
- die Nachhaltigkeit

Chancen und Risiken
- die Energie
- erneuerbar
- der Strom
- der Rohstoff
- die Chance
- das Risiko

Das weiß ich jetzt:

Technische Erfindungen und Weiterentwicklungen

Technische Erfindungen erleichtern und verändern unser Leben.

Weiterentwicklung und neue Ideen bringen Innovation und Fortschritt.

Technik im Alltag

Technische Geräte sind nützlich, wenn sie unsere Arbeit im Alltag erleichtern, zum Beispiel indem sie helfen, Zeit und Kraft zu sparen.

Technische Geräte dienen auch dem Vergnügen in der Freizeit, wie zum Beispiel das Smartphone.

Eine Objektbetrachtung ist hilfreich, um ein technisches Gerät zu bewerten. Wenn ich technische Geräte möglichst lange verwende, spart das Rohstoffe, ist umweltfreundlich und nachhaltig.

Chancen und Risiken

Technische Erfindungen beinhalten immer Chancen und Risiken.

Ein aktuelles Risiko ist, dass durch den steigenden Bedarf an Strom die Rohstoffe knapp werden.

Eine Chance ist, dass erneuerbare Energien uns dauerhaft mit Energie versorgen können und die Umwelt schonen.

Überprüfe dich selbst

Warum werden technische Erfindungen gemacht? S. 66/67

1 a) Beschreibe, wie im Mittelalter Bücher vervielfältigt wurden.
b) Erläutere, welche Vorteile die Erfindung des modernen Buchdrucks durch Johannes Gutenberg mit sich brachte. Denke dabei auch an die Druckpresse.

Warum entwickelt sich Technik weiter? S. 68/69

2 Stelle dar, welche Veränderungen die Weiterentwicklung der Druckpresse auslöste. Nenne mindestens zwei Beispiele.

Wie entwickelte sich das Windrad weiter? S. 70/71

3 a) Windräder gibt es bereits seit der Antike. Auch sie wurden stetig weiterentwickelt. Ordne zu, welche Funktionen in den drei Zeitaltern im Vordergrund standen.

1. Antike/Mittelalter	a) Strom aus Windkraft
2. Industrialisierung	b) Wasser pumpen und Korn mahlen
3. 20. Jahrhundert/Heute	c) Erhöhten Bedarf an mechanischer Energie decken

b) Erläutere, warum erneuerbare Energien heute so wichtig sind.

Wo finden wir Technik in der Schule und im Klassenzimmer? S. 72/73

4 Welche technischen Geräte verwenden folgende Personen oft? Nenne jeweils zwei Beispiele.
- Lehrkräfte
- Schulleitung
- Schüler und Schülerinnen

Technik – Nutzen im Haushalt, Vergnügen in der Freizeit? S. 74/75

5 Technische Geräte können nützlich sein und auch dem Vergnügen dienen.
a) Beschreibe ein technisches Gerät aus deinem Haushalt. Erkläre, warum es nützlich ist.
b) Beschreibe ein technisches Gerät aus deiner Freizeit. Erkläre, warum es dir Vergnügen bereitet.

Wann ist ein technisches Gerät sinnvoll? S. 76/77

6 Wann ist ein technisches Gerät sinnvoll?
a) Nenne zwei technische Merkmale.
b) Nenne zwei ökologische Merkmale.

Technik – nur Chancen ohne Risiken? S. 78/79

7 Erläutere jeweils eine negative und eine positive Auswirkung, die technische Entwicklungen auf die folgenden Bereiche haben können:
a) auf dich oder deinen Freundeskreis
b) auf die Umwelt

Befragung durchführen

1. **Planen und Hilfsmittel besorgen**
   - Kläre, wen du befragen möchtest.
   - Besorge, was du brauchst: Fragebogen, Stift, Tablet …
   - Sprich den Befragungstermin ab.
   - Erstelle einen Fragebogen.
2. **Befragung durchführen**
   - Sei freundlich.
   - Lass genug Zeit für die Beantwortung der Fragen.
   - Bedanke dich zum Abschluss.
3. **Ergebnisse präsentieren**
   - Präsentiere deine Ergebnisse, z. B. auf einer Wandzeitung im Klassenzimmer.

Beobachten und dokumentieren

1. **Planen und Hilfsmittel besorgen**
   - Kläre, was oder wen du beobachten möchtest. Frage die Person vorab um Erlaubnis.
   - Überlege, wie lange du beobachten möchtest.
   - Besorge, was du brauchst: Kamera, Notizblock, Stift …
2. **Inhalte notieren und klären**
   - Welche Schritte sind für die beobachtete Tätigkeit notwendig? Warum?
   - Welche Hilfsmittel sind dafür notwendig?
   - Welche Fachbegriffe werden genannt?
   - Kläre, was du nicht verstanden hast.
3. **Notizen prüfen**
   - Kontrolliere, ob deine Notizen vollständig sind.
   - Nimm Ergänzungen vor, falls notwendig.

Bildbeschreibung

1. **Betrachten**
   - Nimm dir Zeit, um das Bild oder die Bilder in Ruhe anzusehen.
   - Achte auf Details.
2. **Beschreiben**
   - Beschreibe genau, was du siehst.
   - Nutze Adjektive für die Beschreibung.
3. **Überlegen und deuten**
   - Welche Informationen kannst du aus dem Bild herauslesen?
   - Achte z. B. auf Stimmungen oder auch Gedanken, Gefühle von Personen.

Fallbeispiele auswerten

1. **Fallbeispiel lesen**
   - Lies genau und markiere wichtige Stellen oder schreibe Stichworte ab.
2. **Vergleichen**
   - Vergleiche mit gesetzlichen Regelungen.
   - Überprüfe, ob die Tätigkeiten zulässig sind.
3. **Beurteilen**
   - Beurteile die Situation im Fallbeispiel.
   - Begründe deine Meinung.

Tipp: Fallbeispiele sind konkrete Situationen aus der Lebenswelt. Mithilfe von Fallbeispielen kannst du erworbenes Wissen anwenden, testen und reflektieren.

Internetrecherche

1. **Vorbereiten und Hilfsmittel besorgen**
   - Du brauchst einen Computer, Stift, Marker und Papier.
   - Überlege, welche Informationen du suchst. Notiere dir wichtige Suchbegriffe.
   - Rufe eine Suchmaschine am Computer auf.

Tipp: Es gibt spezielle Kindersuchmaschinen. Du findest sie, wenn du in eine beliebige Suchmaschine das Stichwort „Kindersuchmaschine" eingibst.

2. **Recherche durchführen**
   - Tippe einen Suchbegriff ein. Achte darauf, dass du alles richtig schreibst.
   - Prüfe die Überschriften und Internetseiten der ersten Treffer.
   - Entscheide, welche Internetseite du zuerst anklickst.
   - Prüfe danach weitere Treffer.
   - Lies die Texte. Drucke nützliche und verständliche Texte aus.
3. **Ergebnisse festhalten**
   - Schreibe die wichtigsten Punkte heraus.
   - Lies die Texte noch einmal und markiere wichtige Stellen.
   - Notiere, auf welchen Internetseiten du die Informationen gefunden hast.

Mindmap erstellen

Tipp: Der englische Begriff Mindmap bedeutet „Gedankenkarte“. Eine Mindmap hilft dir, deine Gedanken zu einem Thema übersichtlich zu ordnen und einen guten Überblick zu erhalten.

1. Vorbereiten und Hilfsmittel besorgen
- Du brauchst Stift und Papier.
- Lege das Papier quer vor dich hin.
- Schreibe dein Thema in die Mitte des Blattes und kreise es ein.

2. Mindmap erstellen
- Sammle Gedanken zum Thema.
- Schreibe die Hauptgedanken an Striche um das Thema herum.
- Untergeordnete Gedanken schreibst du zu den passenden Hauptgedanken. Verwende nur Stichpunkte.

3. Mindmap prüfen
- Kontrolliere, ob deine Gedanken vollständig in der Mindmap notiert sind.
- Nimm Ergänzungen vor, falls notwendig.

Plakat gestalten

1. Vorbereiten und Hilfsmittel besorgen
- Du brauchst Stifte, Bleistift, Papier oder Heft und ein Plakat.
- Was ist dein Thema? Trage dazu Informationen zusammen.
- Suche passende Bilder aus Internet, Zeitungen oder zeichne selbst.
- Erstelle eine Plakatskizze. Teile das Plakat in Bereiche ein.
- Überlege, wo die Überschrift stehen soll. Plane dafür ausreichend Platz ein.
- Überlege, welche Informationen wichtig sind und wie du die Texte und Bilder dazu anordnen möchtest.

2. Plakat erstellen

Tipp: Arbeite erst mit Bleistift. Schreibe Überschriften und Texte dünn vor, korrigiere sie, wenn nötig. Erst wenn alles passt, ziehst du die Schrift mit dickeren Stiften nach.

- Markiere mit einem Bleistift die Bereiche der Skizze auf deinem Plakat.
- Schreibe zuerst die große Überschrift auf.
- Klebe danach die Bilder auf.
- Schreibe die Texte dazu.
- Unterstreiche, dekoriere oder verziere Wichtiges.

3. Plakat präsentieren
- Schreibe deinen Namen unten auf das Plakat.
- Hänge das Plakat ordentlich auf.

Tabelle anlegen

1. Vorbereiten und Hilfsmittel besorgen
- Du brauchst Stifte, Marker und Papier, z. B. dein Heft.
- Überlege, wie viele Spalten du brauchst.
- Schätze ab, wie breit die einzelnen Spalten sein müssen. Zeichne die Spalten sauber mit einem Lineal.

2. Tabelle füllen
- Schreibe in jede Spalte eine Überschrift. Hebe die Überschriften hervor, z. B. mit einem Marker.
- Trage passende Inhalte in die Spalten ein.
- Trenne einzelne Zeilen mit dem Lineal voneinander ab.

Wortkartenarbeit

1. Vorbereiten und Hilfsmittel besorgen
- Du brauchst dicke, dunkle Filzstifte, rechteckige weiße und farbige Karten, ungefähr in der Größe 10 × 3 cm, und Buntstifte oder Marker.

2. Wortkarten schreiben
- Sammle Worte zu einem Thema. Schreibe sie auf die weißen Karten.
- Überlege Oberpunkte zum Thema. Schreibe diese Oberpunkte auf farbige Karten. Benutze dunkle dicke Filzstifte.
- Sortiere die Wortkarten zu den Oberpunkten.

3. Wortkarten sortieren und präsentieren
- Hefte jede Wortkarten-Gruppe mit Oberpunkt übersichtlich an die Tafel oder an eine Pinnwand.

In allen Aufgaben findest du **Signalwörter**. Diese Signalwörter zeigen dir, was du tun musst. **Sprachtipps** sind hier blau hervorgehoben. Die Sprachtipps helfen dir beim Formulieren der Lösungen.

Signalwort	Was musst du tun?

analysiere

Du arbeitest bestimmte Merkmale heraus und untersuchst sie nach verschiedenen Fragestellungen. Siehe auch „untersuche".

Der Text / Die Werbung / Das Plakat zeigt folgende Merkmale ...
Betrachtet man ..., dann ...
Besonders wichtig ist ...

arbeite heraus

Du liest einen Text oder schaust ein Material unter einer bestimmten Fragestellung an. Du gibst die wichtigsten Gedanken dazu mit deinen Worten wieder.

In dem Text/Bild geht es um ...
Der Maler stellt dar, wie ...
Die Autorin ist der Ansicht, dass ...

begründe

Du führst Argumente, Ursachen oder Beweise für etwas an.

Da ... / Weil ... / Denn ... / Deshalb ...
Aufgrund von ... / Aus diesem Grund ...

(be-)nenne

Du entnimmst einem Text oder einem anderen Material einzelne Aussagen und ordnest sie sinnvoll.

Erstens ...
Zweitens ...
Drittens ...

beschreibe

Du gibst eine Sache in eigenen Worten und durch Fachbegriffe wieder.

Ich sehe ...
Das Bild zeigt ...
Im Vordergrund befindet sich ...

beurteile

Du untersuchst, ob ein Sachverhalt, eine Aussage oder eine Maßnahme unter einem bestimmten Aspekt passend/zutreffend ist oder nicht. Du entscheidest begründet aufgrund deiner Kenntnisse/der vorliegenden Fakten (Sachurteil).

Den Fakten nach zu urteilen ...
Deshalb/Darum ...
Abschließend lässt sich sagen, dass ...

bewerte

Du stellst dar, ob eine Person in einer bestimmten Situation richtig gehandelt hat oder ein Sachverhalt angemessen ist. Du entscheidest begründet aufgrund deiner persönlichen Einschätzung (Werturteil).

Meiner Meinung nach ...
Ich kann das (nicht) nachvollziehen, weil ...
Aus heutiger/damaliger Sicht ...

Hinweise zum Lösen der Aufgaben

erkläre

Du beschreibst eine Sache nachvollziehbar und verständlich.
Dies kann man erklären mit ...
Es bedeutet, dass ...
Das heißt, ...

erläutere

Du beschreibst eine Sache nachvollziehbar und verständlich und verdeutlichst sie zusätzlich mit Beispielen.
Dies kann ich wie folgt erläutern: ...
Diese Beispiele können das verdeutlichen: ...

ermittle

Du findest etwas heraus, indem du planvoll vorgehst, und formulierst das Ergebnis.
Folgende Informationen konnte ich finden ...
Ich habe herausgefunden, dass ...
In dem Text/Bild geht es um ...

erörtere

Du stellst die zwei Seiten eines Problems oder die Vor- und Nachteile zu einem Thema einander gegenüber, formulierst eine eigene Meinung und begründest sie (Sachurteil und/oder Werturteil).
Einerseits ... , andererseits ... / Ein Vorteil ist: ... Nachteilig ist: ...
Wenn ich beide Seiten betrachte, komme ich zu dem Schluss ...
Wenn ich die Vorteile und Nachteile abwäge, komme ich zu der Meinung ...

erstelle

Du arbeitest z. B. einen Text (Brief, Lebenslauf ...) einen Plan (Haushaltsplan ...), eine Liste, eine Tabelle, eine Mindmap aus.

nimm Stellung

Du bildest dir eine eigene Meinung zu dem Sachverhalt (gut oder schlecht, gerecht oder ungerecht ...) und begründest sie.
Meiner Meinung nach ...
Ich finde das (nicht) gut, weil ...

ordne (ein, zu)

Du stellst dar, wie verschiedene Dinge zusammengehören.
... passt zu ...
... gehört zu ...
... lässt sich einteilen in ...

präsentiere

Du bereitest ein Ergebnis auf und stellst es den anderen vor, z. B. als Vortrag oder digitale Präsentation.
Die Ergebnisse haben wir auf diesem Plakat zusammengestellt.
Mit diesem Vortrag möchte ich ...
Die folgende Präsentation zeigt ...

prüfe, überprüfe

Du vergleichst Informationen aus den Materialien mit vorhandenen Kenntnissen und stellst fest, ob beides übereinstimmt oder sich widerspricht.
Anhand der Informationen kann ich (nicht) bestätigen, dass ...

recherchiere

Du findest Informationen zu einer Sache aus unterschiedlichen Quellen heraus (z. B. Internet, Lexikon, Zeitung, Befragung).

Meine Nachforschungen im Internet haben gezeigt, dass ...
Um das zu klären, haben wir Gespräche mit ... geführt.
Im Lexikon habe ich gefunden, dass ...

reflektiere

Du erklärst einen Sachverhalt oder eine Entscheidung/Aussage, indem du die Sache von allen Seiten durchdenkst und ihren Sinn deutest.

Ich vermute, dass ...
Daraus leite ich ab ...
Das spricht dafür, dass ...

setze dich auseinander

Du entwickelst zu einem Sachverhalt, einem Problem oder zu einer These eine Argumentation und formulierst ein eigenes Sach- und/oder Werturteil.

Dafür/Dagegen spricht ...
Ich bin der Meinung, dass ...
Ich komme zu dieser Einschätzung, weil ...

stelle dar

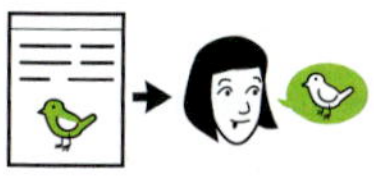

Die beschreibst Sachverhalte detailliert und verwendest dabei die Fachsprache.

Bei diesem Text/Bild/Problem geht es um ...
Die wichtigsten Aspekte sind ...
... hängt zusammen mit ...
... führt dazu, dass ...

untersuche

Du findest heraus, welche Merkmale vorhanden sind (z. B. durch Versuche oder Fragen). Siehe auch „analysiere".

Mit diesem Versuch will ich klären, ob ...
Ob das so ist, möchte ich mithilfe dieser Fragen untersuchen: ...
Wenn ich ... , werde ich sehen, ob ...

vergleiche

Du setzt Dinge in Beziehung und erkennst, was gleich, ähnlich oder unterschiedlich ist.

Im Vergleich zu ...
A und B unterscheiden sich stark/kaum.
Im Gegensatz zu ...

Sonstige Arbeitsaufträge

diskutiere Du tauschst mit den anderen in deiner Gruppe Argumente aus und wägst sie ab. Siehe auch „erörtere".

entwickle Du setzt deine Kenntnisse und deine eigenen Vorstellungen um, z. B. in einem Lösungsmodell, Plakat, Infoblatt oder in einem Rollenspiel.

fasse zusammen Du schreibst das Wichtigste heraus oder gibst es wieder.

gib wieder Du suchst aus einem oder mehreren Texten nach wichtigen Aussagen/Informationen und wiederholst diese.

stelle gegenüber Du beschreibst die Unterschiede zwischen zwei Bildern, Aussagen oder Sachverhalten, ohne sie zu kommentieren oder zu bewerten.

vermute Du gibst wieder, was du über eine Fragestellung oder ein Thema denkst. Dabei beziehst du dein bisheriges Wissen ein.

das **AIDA-Prinzip** S. 38
AIDA steht für die Begriffe ***A****ttention* (Aufmerksamkeit), ***I****nterest* (Interesse), ***D****esire* (Verlangen) und ***A****ction* (Handlung). Dieses Prinzip wird in der Werbung eingesetzt, um die Kundschaft schrittweise und gezielt zu einem Kauf zu bewegen.

die **Arbeitseigenschaften** S. 14, 56
beschreiben die Besonderheiten von Arbeit. Arbeit ist planvoll, zielgerichtet, bewusst, anstrengend und findet an verschiedenen Orten statt.

die **Arbeitsplatzmerkmale** S. 22–23, 56
beschreiben die Besonderheiten eines Arbeitsplatzes. Dazu gehören Arbeitsaufgaben, Arbeitsdauer, Arbeitsmittel, Arbeitsort, Arbeitsbedingungen und Arbeitszeit.

das **Bedürfnis** S. 30, 32, 34–35, 38, 68
Eine Person fühlt einen Mangel, den sie beseitigen möchte. Sie hat ein Bedürfnis. Beispiel: Hunger zeigt, dass Essen benötigt wird.

die **Dienstleistung** S. 34, 36, 38, 44
Hierbei arbeiten Menschen für andere Menschen. Die Arbeit wird bezahlt. Beispiele: Friseurbesuch, Taxifahrt.

das **Ehrenamt** S. 15
Ehrenamtliche Arbeit wird nicht bezahlt, ist aber für die Gesellschaft wichtig und notwendig. Beispiele: Arbeit im Verein, im Tierschutz oder bei der Freiwilligen Feuerwehr.

die **Energie** S. 70–71
meint in der Technik eine Kraft, mit der Arbeit verrichtet werden kann, z. B. eine Maschine antreiben, die Wohnung heizen, die Straße beleuchten.

die **erneuerbare Energie** S. 71, 78
bedeutet, dass die Energie aus einer Quelle kommt, die unerschöpflich ist, z. B. Energie aus Wasser, Sonne, Wind.
Nicht erneuerbare Energien sind Energien aus Kohle, Erdöl, Erdgas. Diese Rohstoffe werden verbrannt, um Energie zu gewinnen. Die Rohstoffvorräte sind aber begrenzt.

das **Grundbedürfnis** S. 30
Die Erfüllung von Grundbedürfnissen ist lebensnotwendig. In der Bedürfnispyramide finden sie sich auf der untersten Stufe, z. B. Essen, Trinken, Kleidung, Schlaf.

das **Grundgesetz** S. 50
Das ist die Verfassung von Deutschland. Dort stehen die wichtigsten Grundrechte und Pflichten von Bürgern und Bürgerinnen in Deutschland. Beispiel: Alle Menschen sind vor dem Gesetz gleich.

die **Hausarbeit** S. 14
Damit gemeint sind alle häuslichen Arbeiten, wie z. B. aufräumen, putzen, Wäsche waschen, einkaufen und kochen. Hausarbeit wird nicht bezahlt.

das **immaterielle Bedürfnis** S. 34–35
Das ist ein Bedürfnis, das nicht durch einen Kauf befriedigt werden kann, z. B. das Bedürfnis nach Freundschaft.

die **Industrialisierung** S. 58–59, 70
In Deutschland begann die Industrialisierung etwa um 1830. Viele Produkte wurden nicht mehr mit der Hand hergestellt, sondern mithilfe von Maschinen in Fabriken.

der **Influencer / die Influencerin** S. 37, 39
Person, die im Internet eine große Anhängerschaft (Follower) und dadurch Einfluss auf viele Menschen hat.

die **Innovation** S. 73, 78
deutsch „Erneuerung", „Neuheit"
Innovation bedeutet, dass etwas Neues erfunden und eingeführt wird. Eine Innovation kann eine neue Technik sein, z. B. Flugzeug, künstliche Intelligenz, oder eine neue Idee, z. B. nachhaltiges Konsumieren.

die **Kaufkraft** S. 40
Geld, über welches eine bestimmte Gruppe von Menschen in einer bestimmten Region verfügt.

die **Kinderarbeit** S. 58–59, 62
Damit ist nicht die Arbeit gemeint, die Kinder leisten, wenn sie ihren Eltern im Haushalt helfen. Kinderarbeit ist Arbeit, die Kinder gegen Bezahlung verrichten, die ihnen schadet oder sie am Schulbesuch hindert. In Deutschland ist Kinderarbeit verboten.

der **Kinderarbeitsschutz** S. 54–55
Gesetze wie die Kinderarbeitsschutzverordnung und das Jugendarbeitsschutzgesetz schützen Kinder und Jugendliche vor Überlastung und gefährlichen Arbeiten.

die **Kompetenz** S. 7, 8
ist eine wichtige (erlernte) Fähigkeit, die hilft, Aufgaben zu lösen.

der **Konsum** S. 34, 36
Damit ist der Kauf, der Verbrauch oder die Nutzung von Produkten und Dienstleistungen gemeint wie Lebensmittel oder Kleidung, ein Haarschnitt beim Friseur oder ein Kinobesuch. Man braucht Geld, um etwas zu konsumieren.

der **Konsument / die Konsumentin** S. 8
Das ist ein anderes Wort für Verbrauchende. Damit werden in der Wirtschaft Personen oder Unternehmen bezeichnet, die Produkte und Dienstleistungen kaufen.

die **Lebensumstände** S. 33
Dazu zählen alle Bedingungen, die das Leben eines Menschen bestimmen. Beispiele: Alter, Gesundheit, Wohnort.

der **Lebensunterhalt** S. 14
Das sind alle Produkte und Dienstleistungen, die eine Person im täglichen Leben benötigt. Dazu gehören z. B. Wohnung, Kleidung, Nahrung, Arztbesuch. Oft ist damit auch das Geld gemeint, das nötig ist, um diese Produkte und Dienstleistungen zu finanzieren.

der **Mangel** S. 30, 34–35
Wenn einer Person etwas fehlt, fühlt sie einen Mangel.

das **materielle Bedürfnis** S. 34–35
Das ist ein Bedürfnis, das durch einen Kauf befriedigt werden kann, z. B. das Bedürfnis nach einem Smartphone oder einem Kinobesuch.

die **Medien** S. 37, 51
Mittel zur Verständigung in der Gesellschaft wie Fernsehen, Radio, Zeitungen oder Internet. Über Medien werden Informationen (z. B. Texte, Bilder, Filme) übertragen.

die **Medienzeit** S. 13
Zeit, die Menschen mit der Nutzung von bestimmten Medien verbringen. Beispiele: Computer, Spielkonsole, Handy.

die **Nachhaltigkeit** S. 44–45
Die natürlichen Ressourcen der Erde wie Trinkwasser, Rohstoffe, Pflanzen und Tiere werden geschont, um sie für nachfolgende Generationen zu erhalten. Das heißt z. B., nur so viel Holz zu schlagen oder so viel Fisch zu fangen, wie nachwachsen kann.

die **Objektbetrachtung** S. 76–77
Gegenstände werden genau betrachtet und beurteilt. Bei technischen Gegenständen helfen z. B. technische und ökologische Kriterien bei der Bewertung, ob der Gegenstand sinnvoll ist oder nicht.

ökologisch S. 76
bedeutet umweltfreundlich.

die **Perspektive** S. 8
ist die besondere Sichtweise eines Menschen. Beispiel: Eine Person, die einkauft, erlebt einen Supermarkt anders als eine Person, die dort arbeitet.

das **Produkt** S. 34, 36, 38, 40, 42, 44, 52, 77–78
Etwas, das hergestellt wurde und zum Kauf angeboten wird. Beispiele: Möbel, Smartphone, Bleistift.

das **Recycling** S. 10, 76
bedeutet, dass Müll wiederverwertet wird. Abfall wird in seine Bestandteile zerlegt und die Inhaltsstoffe stehen wieder als Rohstoffe zur Verfügung.

regional S. 45
meint innerhalb des nahen Umfelds, innerhalb der Region. Regionale Produkte werden also in der Nähe angebaut und verarbeitet. Gegenteil: Produkte aus dem Ausland.

der **Rohstoff** S. 71, 76
Ein Stoff, der in der Natur vorkommt und verwendet wird, um Produkte herzustellen. Rohstoffe sind z. B. Erdöl, Gold oder auch Baumwolle.

saisonal S. 45
beschreibt, dass ein Naturprodukt nur in einer bestimmten Jahreszeit wächst und nachhaltig zu erwerben ist, z. B. Erdbeeren nur im Sommer.

die **Social Media** S. 37, 41
deutsch „die sozialen Medien"
Social Media sind Netzwerke im Internet, über die sich die Nutzerinnen und Nutzer austauschen können.

umweltfreundlich S. 38, 45, 68, 76
ist etwas, wenn es der Umwelt nicht schadet. Beispiel: Recycling ist umweltfreundlich, weil weniger Abfall entsteht und Rohstoffe geschont werden.

die **Unterhaltungselektronik** S. 75
Elektrogeräte, die der Unterhaltung dienen wie Radio, Fernseher, Smartphone, DVD-Spieler, Spielkonsole.

das **Upcycling** S. 10
bedeutet, dass Produkte wiederverwendet und aufgewertet werden, anstatt sie wegzuwerfen. Beispiel: Aus einer gebrauchten Dose wird ein schöner Behälter für Stifte hergestellt. Upcycling schont die Umwelt und ist nachhaltig.

vollzeitschulpflichtig S. 52, 60
Jedes Kind in Deutschland hat das Recht und die Pflicht, mindestens 9 oder 10 Jahre in die Schule zu gehen. Vollzeitschulpflicht beschreibt den Besuch der Grundschule und weiterführenden Schule.

die **Werbestrategie** S. 39
Eine Strategie ist ein bestimmter Plan, um ein Ziel zu erreichen. Die Werbung verfolgt verschiedene Strategien, um zum Kauf von Produkten zu motivieren, z. B. bekannte Songs oder Influencer, die ein Produkt empfehlen.

die **Werbung** S. 36, 38, 40–41, 42
Möglichkeiten, die Unternehmen nutzen, um Kundschaft anzusprechen, z. B. Plakate und Werbebanner auf Internetseiten, Werbespots in Fernsehen und Radio, Sponsoring und Produktplatzierungen in Filmen. Ziel von Werbung ist es, Menschen auf ein Produkt aufmerksam zu machen, sie zu informieren und davon zu überzeugen, dass sie genau dieses Produkt kaufen sollen. Dazu spricht Werbung häufig Gefühle an und versucht, positive Gefühle mit dem beworbenen Produkt zu verbinden.

die **Wohlstands- und Luxusbedürfnisse** S. 30
Die Erfüllung dieser Bedürfnisse ist nicht lebensnotwendig, macht das Leben aber angenehmer. Beispiele: Urlaubsreise, Fahrrad, Theaterbesuch.

die **Zielgruppe** S. 38, 40
Ein Produkt oder eine Dienstleistung ist oft nur für bestimmte Personen interessant, z. B. für Kinder oder ältere Menschen. Diese Personen sind die Zielgruppe.

A
Arbeit 14/15
Arbeitsaufgabe 19
Arbeitsbedingungen 21, 56
Arbeitseigenschaften 15, 57
Arbeitsmerkmale 20–21, 56
Arbeitsplatz 16–17, 19, 20–21, 22–25, 56
Arbeitsplatzerkundung 22–25
Arbeitsplatzmerkmale 20–21, 56–57

B
Bedürfnis 30–31, 32–33, 34–35
immaterielles Bedürfnis 34–35
materielles Bedürfnis 34–35
Berufsorientierung 7

C
Chancen (von Technik) 78–79

D
Dienstleistung 34, 36

E
Ehrenamt 14–15
Energie 71, 78
technische Erfindung 66–67
erneuerbar 71, 78

F
Fallbeispiel 61
Florist/Floristin 57
Freizeit 13

G
Gebäudereiniger/Gebäudereinigerin 72
Gesetz 51, 59
Grundbedürfnis 30–31
Grundgesetz 50

H
Hausarbeit 14–15

I
immateriell 35
Industrialisierung 59, 70
Influencer/Influencerin 37, 39
Innovation 73

K
Kaufkraft 40–41
Kinderarbeit 58–59
Kinderarbeitsschutz 52–53, 54–55
Kinderarbeitsverbot 59
Konsum 34–35, 42, 45
nachhaltig konsumieren 44–45
sinnvoll konsumieren 42–43

L
Lebensumstände 33
Lebensunterhalt 14–15

M
Mangel 30–31
materiell 34
Mediengestalter/Mediengestalterin 38

N
Nachhaltigkeit 44–45, 77

O
Objektbetrachtung 76–77
ökologisch 76

P
Produkt 34–35, 36–37, 42
Projekt 9, 10, 26, 46, 62, 80

R
recycelt 76
regional 45, 76
Risiken (von Technik) 78–79
Rohstoff 71, 77

S
saisonal 45
Social Media 37
Strom 71, 76

T
Tagesablauf 12–13
Taschengeld 42–43

U
umweltfreundlich 68, 76
Unterhaltungselektronik 75
Upcycling 10, 45

V
Verordnung 51, 53
vollzeitschulpflichtig 52

W
Werbeform 36–37
Werbestrategie 38–39
Werbung 36–37, 38–39, 40–41
Wohlstands- und Luxusbedürfnisse 30–31, 32–33
Wunsch 30–31

Z
Zielgruppe 38–39, 40–41

Überblick über Kompetenzen

Kapitel	Ich werde ...
1 Arbeit	• verschiedene Tagesabläufe dokumentieren. • Zeitanteile von Arbeit und Freizeit miteinander vergleichen. • den Begriff Arbeit erklären. • meinen eigenen Arbeitsplatz so gestalten, dass ich gut lernen kann. • Arbeitsplätze in der Schule erkunden und nach Arbeitsplatzmerkmalen beschreiben. • eine Arbeitsplatzerkundung dokumentieren und präsentieren.
2 Wirtschaft	• meine Bedürfnisse ausdrücken und mit den Bedürfnissen anderer vergleichen. • erklären, dass Menschen unterschiedliche Bedürfnisse haben. • materielle und immaterielle Bedürfnisse unterscheiden. • erkennen, dass Konsum materielle Bedürfnisse befriedigt. • mich mit den Funktionen von Werbung auseinandersetzen. • feststellen, dass Werbestrategien mein Konsumverhalten beeinflussen. • verstehen, warum Werbung sich oft an Kinder wendet. • Ideen entwickeln, wie ich sinnvoll und nachhaltig konsumiere.
3 Recht	• verbotene und erlaubte Beschäftigungen von Kindern und Jugendlichen kennenlernen. • begründen, warum die Kinderarbeitsschutzverordnung und das Jugendschutzgesetz notwendig sind. • mein Lernen als Schülerin oder Schüler mit der Arbeit von Erwachsenen vergleichen. • Fallbeispiele zur Arbeit von Kindern und Jugendlichen mithilfe der Gesetze beurteilen und bewerten.
4 Technik	• die technische (Weiter-)Entwicklung einer Erfindung darstellen und beurteilen. • die Erfindungsschritte einer technischen Erfindung bewerten. • begründen, warum technische Erfindungen gemacht werden. • Chancen und Risiken von Technikeinsatz beurteilen.

Bildquellennachweis

Umschlag.1 Getty Images Plus, München (Moment / anucha sirivisansuwan); **Umschlag.2** Getty Images Plus, München (iStock / Elena Medoks); **4.1** stock.adobe.com, Dublin (minicel73); **4.2** Getty Images Plus, München (iStock / sergeyryzhov); **5.1** IMAGO, Berlin (Ute Grabowsky); **5.2** Getty Images Plus, München (E+ / mixetto); **6.1** Pflügner, Matthias, Berlin; **6.2** Pflügner, Matthias, Berlin; **7.1** Pflügner, Matthias, Berlin; **7.2** Pflügner, Matthias, Berlin; **8.1** Pflügner, Matthias, Berlin; **8.2** Pflügner, Matthias, Berlin; **8.3** Pflügner, Matthias, Berlin; **8.4** Pflügner, Matthias, Berlin; **8.5** Pflügner, Matthias, Berlin; **8.6** Pflügner, Matthias, Berlin; **9** Grafik: Krause, Jens, Leipzig; **10** Jemeljanova, Alexandra, Mering; **11** stock.adobe.com, Dublin (minicel73); **12.1** Pflügner, Matthias, Berlin; **12.2** Typodienst_Schmitz, Altenberge; **12.3** Typodienst_Schmitz, Altenberge; **12.4** Typodienst_Schmitz, Altenberge; **12.5** Pflügner, Matthias, Berlin; **12.6** Pflügner, Matthias, Berlin; **12.7** Pflügner, Matthias, Berlin; **12.8** Typodienst_Schmitz, Altenberge; **12.9** Typodienst_Schmitz, Altenberge; **12.10** Typodienst_Schmitz, Altenberge; **12.11** Pflügner, Matthias, Berlin; **12.12** Pflügner, Matthias, Berlin; **12.13** Pflügner, Matthias, Berlin; **12.14** Typodienst_Schmitz, Altenberge; **12.15** Typodienst_Schmitz, Altenberge; **12.16** Typodienst_Schmitz, Altenberge; **12.17** Pflügner, Matthias, Berlin; **12.18** Pflügner, Matthias, Berlin; **12.19** Pflügner, Matthias, Berlin; **14** Pflügner, Matthias, Berlin; **15.1** stock.adobe.com, Dublin (JackF); **15.2** stock.adobe.com, Dublin (auremar); **15.3** stock.adobe.com, Dublin (Thomas Nattermann); **15.4** stock.adobe.com, Dublin (New Africa); **16.1** Pflügner, Matthias, Berlin; **16.2** Pflügner, Matthias, Berlin; **17** Pflügner, Matthias, Berlin; **18** Pflügner, Matthias, Berlin; **20** Pflügner, Matthias, Berlin; **21.1** Pflügner, Matthias, Berlin; **21.2** Pflügner, Matthias, Berlin; **21.3** Pflügner, Matthias, Berlin; **22.1** Pflügner, Matthias, Berlin; **22.2** Grafik: Krause, Jens, Leipzig; **24.1** Pflügner, Matthias, Berlin; **24.2** Pflügner, Matthias, Berlin; **24.3** Pflügner, Matthias, Berlin; **25** Schwarzstein, Jaroslaw, Hannover; **26** Getty Images Plus, München (E+ / Courtney Hale); **28.1** Pflügner, Matthias, Berlin; **28.2** Grafik: Krause, Jens, Leipzig; **29** Getty Images Plus, München (iStock / sergeyryzhov); **30.1** Pflügner, Matthias, Berlin; **30.2** Grafik: Krause, Jens, Leipzig; **30.3** Grafik: Krause, Jens, Leipzig; **31** Pflügner, Matthias, Berlin; **32.1** Pflügner, Matthias, Berlin; **32.2** Pflügner, Matthias, Berlin; **32.3** Pflügner, Matthias, Berlin; **32.4** Pflügner, Matthias, Berlin; **32.5** Pflügner, Matthias, Berlin; **32.6** Pflügner, Matthias, Berlin; **34.1** Pflügner, Matthias, Berlin; **34.2** Pflügner, Matthias, Berlin; **34.3** Pflügner, Matthias, Berlin; **34.4** Pflügner, Matthias, Berlin; **35** Pflügner, Matthias, Berlin; **36.1** Pflügner, Matthias, Berlin; **36.2** Schwarzstein, Jaroslaw, Hannover; **36.3** Schwarzstein, Jaroslaw, Hannover; **37.1** Schwarzstein, Jaroslaw, Hannover; **37.2** ShutterStock.com RF, New York (popcorner); **38.1** Pflügner, Matthias, Berlin; **38.2** Getty Images Plus, München (E+/ Kemal Yildirim); **39** Pflügner, Matthias, Berlin; **40** Pflügner, Matthias, Berlin; **41.1** Schwarzstein, Jaroslaw, Hannover; **41.2** Getty Images Plus, München (The Image Bank / Daly and Newton); **42.1** Pflügner, Matthias, Berlin; **42.2** Getty Images Plus, München (E+ / Jordi Salas); **43.1** Pflügner, Matthias, Berlin; **43.2** Pflügner, Matthias, Berlin; **43.3** Pflügner, Matthias, Berlin; **43.4** Pflügner, Matthias, Berlin; **44.1** Pflügner, Matthias, Berlin; **44.2** stock.adobe.com, Dublin (elenabsl); **45.1** stock.adobe.com, Dublin (BillionPhotos.com); **45.2** stock.adobe.com, Dublin (svittlana); **46** stock.adobe.com, Dublin (khosrork); **48** Schwarzstein, Jaroslaw, Hannover; **49** IMAGO, Berlin (Ute Grabowsky); **50.1** Pflügner, Matthias, Berlin; **50.2** Schwarzstein, Jaroslaw, Hannover; **50.3** Schwarzstein, Jaroslaw, Hannover; **50.4** Schwarzstein, Jaroslaw, Hannover; **51.1** Schwarzstein, Jaroslaw, Hannover; **51.2** Schwarzstein, Jaroslaw, Hannover; **51.3** Schwarzstein, Jaroslaw, Hannover; **52.1** Pflügner, Matthias, Berlin; **52.2** Pflügner, Matthias, Berlin; **52.3** Getty Images Plus, München (iStock / Daisy-Daisy); **52.4** Getty Images Plus, München (DigitalVision / EMS-FORSTER-PRODUCTIONS); **53** stock.adobe.com, Dublin (highwaystarz); **54.1** Pflügner, Matthias, Berlin; **54.2** Grafik: Krause, Jens, Leipzig; **55.1** Pflügner, Matthias, Berlin; **55.2** Grafik: Krause, Jens, Leipzig; **56.1** Pflügner, Matthias, Berlin; **56.2** stock.adobe.com, Dublin (Yakobchuk Olena); **57.1** Pflügner, Matthias, Berlin; **57.2** ShutterStock.com RF, New York (Iryna Inshyna); **58.1** Pflügner, Matthias, Berlin; **58.2** Mauritius Images, Mittenwald (Alamy / World History Archive); **58.3** Mauritius Images, Mittenwald (Alamy / Tango Images); **58.4** akg-images, Berlin (Universal Images Group / Universal History Archive); **60.1** Pflügner, Matthias, Berlin; **60.2** Pflügner, Matthias, Berlin; **60.3** Pflügner, Matthias, Berlin; **60.4** Pflügner, Matthias, Berlin; **60.5** Pflügner, Matthias, Berlin; **60.6** Pflügner, Matthias, Berlin; **60.7** Pflügner, Matthias, Berlin; **61.1** Pflügner, Matthias, Berlin; **61.2** Pflügner, Matthias, Berlin; **61.3** Pflügner, Matthias, Berlin; **61.4** Pflügner, Matthias, Berlin; **61.5** Pflügner, Matthias, Berlin; **61.6** Pflügner, Matthias, Berlin; **62** Mauritius Images, Mittenwald (Alamy / Morten Svenningsen); **64** Pflügner, Matthias, Berlin; **65** Getty Images Plus, München (E+ / mixetto); **66.1** Pflügner, Matthias, Berlin; **66.2** Mauritius Images, Mittenwald (imgagebroker / Sunny Celeste); **66.3** stock.adobe.com, Dublin (PAOLO); **67** Mauritius Images, Mittenwald (Alamy / Reading Room 2020); **68.1** Pflügner, Matthias, Berlin; **68.2** Mauritius Images, Mittenwald (Alamy / Reading Room 2020); **68.3** Mauritius Images, Mittenwald (Alamy / World History Archive); **68.4** Mauritius Images, Mittenwald (Alamy / World History Archive); **68.5** Mauritius Images, Mittenwald (Alamy / Garn Phakathunya); **68.6** Mauritius Images, Mittenwald (Alamy / Sergey Ryzhov); **68.7** Grafik: Krause, Jens, Leipzig; **69.1** stock.adobe.com, Dublin (tanoy1412); **69.2** ShutterStock.com RF, New York (HJBC); **70.1** Pflügner, Matthias, Berlin; **70.2** Getty Images Plus, München (iStock / Abdolhamid Ebrahimi); **70.3** stock.adobe.com, Dublin (Veronika Galkina); **70.4** stock.adobe.com, Dublin (standret); **71.1** stock.adobe.com, Dublin (Jan); **71.2** Picture-Alliance, Frankfurt/M. (Image Source); **72.1** Pflügner, Matthias, Berlin; **72.2** Pflügner, Matthias, Berlin; **72.3** Pflügner, Matthias, Berlin; **72.4** Pflügner, Matthias, Berlin; **72.5** Pflügner, Matthias, Berlin; **72.6** Getty Images Plus, München (iStock / PeopleImages); **73.1** ShutterStock.com RF, New York (Thodsakon Somnuek); **73.2** stock.adobe.com, Dublin (Drazen); **73.3** stock.adobe.com, Dublin (Syda Productions); **73.4** Getty Images Plus, München (Tetiana Soares); **74.1** Pflügner, Matthias, Berlin; **74.2** ShutterStock.com RF, New York (Sergiy Kuzmin); **74.3** ShutterStock.com RF, New York (Sergio Photone); **74.4** Getty Images Plus, München (iStock / gemenacom); **74.5** stock.adobe.com, Dublin (zettar); **74.6** Getty Images Plus, München (iStock / limpido); **74.7** Getty Images Plus, München (iStock / iZonda); **75.1** ShutterStock.com RF, New York (Gena73); **75.2** Thinkstock, München (dancestrokes); **75.3** stock.adobe.com, Dublin (Natalia Merzlyakova); **75.4** Getty Images Plus, München (DigitalVision Vectors / ET-ARTWORKS); **76** Pflügner, Matthias, Berlin; **77** Schwarzstein, Jaroslaw, Hannover; **78.1** Pflügner, Matthias, Berlin; **78.2** ShutterStock.com RF, New York (Sergej57); **78.3** ShutterStock.com RF, New York (Vereshchagin Dmitry); **78.4** Grafik: Krause, Jens, Leipzig; **79.1** Pflügner, Matthias, Berlin; **79.2** Pflügner, Matthias, Berlin; **80** Jemeljanova, Alexandra, Mering; **82** Mauritius Images, Mittenwald (Alamy / Reading Room 2020); **83.1** Schwarzstein, Jaroslaw, Hannover; **83.2** Schwarzstein, Jaroslaw, Hannover; **83.3** Schwarzstein, Jaroslaw, Hannover; **84.1** Schwarzstein, Jaroslaw, Hannover; **84.2** Schwarzstein, Jaroslaw, Hannover; **85.1** Schwarzstein, Jaroslaw, Hannover; **85.2** Schwarzstein, Jaroslaw, Hannover; **86.1** Schwarzstein, Jaroslaw, Hannover; **86.2** Schwarzstein, Jaroslaw, Hannover; **87.1** Oser, Liliane, Hamburg; **87.2** Oser, Liliane, Hamburg; **87.3** Oser, Liliane, Hamburg; **87.4** Oser, Liliane, Hamburg; **87.5** Oser, Liliane, Hamburg; **87.6** Oser, Liliane, Hamburg; **87.7** Oser, Liliane, Hamburg; **88.1** Oser, Liliane, Hamburg; **88.2** Oser, Liliane, Hamburg; **88.3** Oser, Liliane, Hamburg; **88.4** Oser, Liliane, Hamburg; **88.5** Oser, Liliane, Hamburg; **88.7** Oser, Liliane, Hamburg; **88.8** Oser, Liliane,

Hamburg; **88.9** Oser, Liliane, Hamburg; **89.1** Oser, Liliane, Hamburg; **89.2** Oser, Liliane, Hamburg; **89.3** Oser, Liliane, Hamburg; **89.4** Oser, Liliane, Hamburg; **89.5** Oser, Liliane, Hamburg; **89.6** Oser, Liliane, Hamburg

Textquellennachweis
58 von Lisa Biller (Klett-Autorin) übersetzt, nach: Universal History Archive/UIG, Operating a Boring Machine 1914 (photo), unter: https://www.bridgemanimages.com/en/noartistknown/operating-a-boring-machine-1914-photo/photograph/asset/684572 (Zugriff: 16.05.2024)

1. Auflage 1 5 4 3 2 1 | 29 28 27 26 25

Alle Drucke dieser Auflage sind unverändert und können im Unterricht nebeneinander verwendet werden.
Die letzte Zahl bezeichnet das Jahr des Druckes.

Autorinnen und Autoren: Lisa Biller, Alexandra Jemeljanova, Katrin Kindler, Petra Meißner, Christiane Vatter-Wittl

Entstanden in Zusammenarbeit mit dem Projektteam des Verlages.

Externe Redaktion: Dr. Birgit Scholz, Berlin
Gestaltung: Petra Michel Gestaltung & Typografie, Amberg
Titelbild: Umschlag.1 Getty Images Plus, München (Moment / anucha sirivisansuwan); Umschlag.2 Getty Images Plus, München (iStock / Elena Medoks)
Satz: Krause Büro, Jens Krause, Leipzig
Druck: PASSAVIA Druckservice GmbH & Co. KG, Passau

Printed in Germany
ISBN 978-3-12-007608-7

9 783120 076087